“十四五”全国统计规划教材

市场调查与预测（第二版）学习指导与习题

徐琼梅　叶祥凤◎主编

中国统计出版社
China Statistics Press

图书在版编目(CIP)数据

《市场调查与预测(第二版)》学习指导与习题 / 徐琼梅，叶祥凤主编. —— 北京 ：中国统计出版社，2023.9

ISBN 978－7－5230－0215－5

Ⅰ. ①市… Ⅱ. ①徐… ②叶… Ⅲ. ①市场调查②市场预测 Ⅳ. ①F713.52

中国国家版本馆 CIP 数据核字(2023)第 173104 号

《市场调查与预测(第二版)》学习指导与习题

作　　者/徐琼梅　叶祥凤
责任编辑/罗　浩
执行编辑/熊丹书
封面设计/黄　晨
出版发行/中国统计出版社
通信地址/北京市丰台区西三环南路甲 6 号　邮政编码/100073
发行电话/邮购(010)63376909　书店(010)68783171
网　　址/http://www.zgtjcbs.com
印　　刷/河北鑫兆源印刷有限公司
经　　销/新华书店
开　　本/787×1092mm　1/16
字　　数/250 千字
印　　张/11.75
版　　别/2023 年 9 月第 1 版
版　　次/2023 年 9 月第 1 次印刷
定　　价/36.00 元

国家统计局
全国统计教材编审委员会第七届委员会

出版说明

教材之于教育，如行水之舟楫。统计教材建设是统计教育事业的重要基础工程，是统计教育的重要载体，起着传授统计知识、培育统计理念、涵养统计思维、指导统计实践的重要作用。

全国统计教材编审委员会（以下简称编委会）成立于1988年，是国家统计局领导下的全国统计教材建设工作的最高指导机构和咨询机构，承担着为建设中国统计教育大厦打桩架梁、布设龙骨的光荣而神圣的职责与使命。自编委会成立以来，共组织编写和出版了“七五”至“十三五”七轮全国统计规划教材，这些规划教材被全国各院校师生广泛使用，对中国统计教育事业作出了积极贡献。

党的十九届五中全会审议通过的《中共中央关于制定国民经济和社会发展第十四个五年规划和二〇三五年远景目标的建议》，为推进统计现代化改革指明了方向，提供了重要遵循。实现统计现代化，首先要提升统计专业素养，包括统计知识、统计观念和统计技能等方面要适应统计现代化建设需要，从而提出了统计教育和统计教材建设现代化的新任务新课题。编委会深入学习贯彻党的十九届五中全会精神，准确理解其精神内涵，围绕国家重大现实问题、基础问题和长远问题，加强顶层设计，扎实推进“十四五”全国统计规划教材建设。本轮规划教材组织编写和出版中重点把握以下方向：

1. 面向高等教育、职业教育、继续教育分层次着力打造全系列、成体系的统计教材优秀品牌。

2. 围绕统计教育事业新特点，组织编写适应新时代特色的高质量高水平的优秀统计规划教材。

3. 积极利用数据科学和互联网发展成果，推进统计教育教材融媒体发展，实现统计规划教材的立体化建设。

4. 组织优秀统计教材的版权引进和输出工作，推动编委会工作迈上新台阶。

5. 积极组织规划教材的编写、审查、修订、宣传评介和推广使用。

“十四五”期间，本着植根统计、服务统计的理念，编委会将不忘初心，牢记使命，充分利用优质资源，继续集中优势资源，大力支持统计教材发展，进一步推动统计教育、统计教学、统计教材建设，进一步加强理论联系实际，有序有效形成合力，继续创新性开展统计教材特别是规划教材的编写研究，为培养新一代统计人才献智献策、尽心尽力。

同时，编委会也诚邀广大统计专家学者和读者参与本轮规划教材的编写和评审，认真听取统计专家学者和读者的建议，组织编写出版好规划教材，使规划教材能够在以往的基础上，百尺竿头，更进一步，为我国统计教育事业作出更大贡献。

国家统计局

全国统计教材编审委员会

2021 年 9 月

前　言

本书是国家统计局统计教育中心和中国统计出版社组织编写的全国统计教材编审委员会"十四五"全国统计规划系列教材之一，是中国统计出版社出版的《市场调查与预测（第二版）》（蒋志华、丛日玉主编）的配套教学指导书。《市场调查与预测（第二版）》是一门实用性很强的课程。为了进一步深化课程改革，促进提高教学质量，更好地指导和帮助学生学好本课程，掌握扎实的基础理论，并有助于培养和形成学生的调研实战能力，在中国统计出版社的支持下，借重新编写出版《市场调查与预测（第二版）》教材的时机，配套推出《市场调查与预测学习指导与习题（第二版）》。本书是适用于全国普通高等院校财经类专业的必修课和其他相关专业选修课的教学用书。同时既可作为经济管理人员的培训教材以及各类成人教育的学习参考用书，又可作为市场调研人员必备的工作指南。

本书是学生学习市场调查知识的好帮手，是教师进行教学的必要参考。本着"以教材为主线，服务于教学，指导学生实践"的原则，本书各章节遵循的编写纲要如下：一是指点迷津，主要指出本章的学习目的与要求、本章重点、本章难点以及其他有关说明的问题；二是脉络框架，通过简明清晰的脉络框架图，介绍分析本章的知识体系构成；三是习题练兵，提供与教材章节配套的各类型的习题和参考答案；四是案例精粹，以教材章节需要为出发点，精心选择案例，用案例贯穿章节的理论知识体系，达到帮助学生进行实战演练的目的。

本书的编写突出"三新"的特点：一是编写体系新，本书的编写体系借鉴了国内统计教材及教学指导书的编写经验，充实了"指点迷津"和"案例精粹"两大部分内容，切实服务于教学；二是编写内容新，由于本书是与教材配套编写的，凡教材内容有所更新之处，在本书中能够充分体现；三是实战指导新，为了突出实战性和指导性，本书的习题练兵配有参考答案，同时，根据教材需要，本书在第四、五、六、八、十二章增加了案例精粹及参考答案，从教学实战演练的角度进行案例采编。总体上说，本书是一本实用、好用的辅助用书，也能在教学实训中发挥指导实践的重要作用。

本书主编徐琼梅、叶祥凤，副主编蒋志华、谭斌。全书共十二章，各章编写分工如下：第一章，谭斌副教授、张银银讲师（新疆石河子大学）；第二章，冯利英教授、李海霞讲师(内蒙古财经学院);第三章,叶祥凤教授、徐琼梅讲师(成都信息工程大学);第四章,王臣讲师(成都信息工程大学);第五章,徐琼梅讲师、曾鸿教授(成都信息工程大学);第六章,蒋志华教授、徐琼梅讲师(成都信息工程学院);第七章,丛日玉副教授(成都信息工程大学);第八章,丛日玉副教授(成都信息工程大学)、苏永明教授(山东工商学院);第九章,蒋志华教授、徐琼梅讲师(成都信息工程大学);第十章、第十一章,向玲凛讲师(成都信息工程大学);第十二章,邹永红教授(成都信息工程大学)。全书最后由徐琼梅统编定稿。

本书的编订得到了国家统计局统计教育中心、中国统计出版社教材编辑部、中国统计出版社发行部和成都信息工程大学领导的指导和支持,在此表示衷心的感谢!

由于编写时间紧迫,本书或有不足在所难免,期待读者给予批评指正,便于我们不断修改、完善和提高。

徐琼梅

2023 年 7 月

目 录

第一章 市场调查概述

指点迷津

一、学习目的与要求

本章要求了解市场调查的历史与现状，认识市场调查的含义与作用，掌握市场调查的类型与适用领域、市场调查的原则与步骤，了解市场调查机构及其主要类型、市场调查人员的选择与培训的基本要求。

二、本章重点

1. 市场调查的含义与作用
2. 市场调查的类型与适用领域、市场调查的原则与步骤

三、本章难点

描述性市场调查、因果性市场调查、探测性市场调查、预测性市场调查的概念、联系与区别。

脉络框架

- 市场调查概述
  - 市场调查的历史与现状
    - 简单商品生产中的市场调查
    - 资本主义商品经济中的市场调查
  - 市场调查的含义与作用
    - 市场调查的含义和特点
      - 市场调查的含义
      - 市场调查的特点
        - 目的性
        - 系统性
        - 社会性
        - 科学性
        - 全过程性
        - 不确定性
        - 客观性
        - 时效性
    - 市场调查的作用
  - 市场调查的类型与适用领域
    - 市场调查的类型
      - 描述性市场调查
      - 因果性市场调查
      - 探测性市场调查
      - 预测性市场调查
    - 适用领域
      - 市场环境调查
      - 市场需求调查
      - 市场营销活动调查
      - 产品调查
      - 消费者购买力调查
      - 广告效果调查

- 市场调查概述
  - 市场调查的原则与步骤
    - 市场调查的原则
      - 时效性原则
      - 准确性原则
      - 全面性原则
      - 科学性原则
      - 经济性原则
    - 市场调查的步骤
      - 市场调查准备阶段
      - 市场调查实施阶段
      - 市场调查总结阶段
        - 处理和分析资料的阶段
        - 撰写调查报告阶段
        - 信息咨询服务阶段
  - 市场调查机构和人员
    - 市场调查机构的含义
    - 市场调查机构的类型
      - 企业市场调查机构
      - 专业市场调查机构
    - 市场调查人员的选择与培训

习题练兵

一、名词解释

1. 市场调查　2. 描述性市场调查　3. 因果性市场调查

4. 探测性市场调查　5. 预测性市场调查　6. 市场调查机构

二、填空题

1. 市场调查的目的性，即市场调查是为了找出市场发展变化的________，向用户提供________。

2. 市场调查的系统性，即市场调查的每个阶段都要制定______的计划。

3. 市场调查的社会性，即市场调查是面向______的调查活动，涉及________的各个领域。

4. 市场调查的科学性，即市场调查的整个过程要科学安排，要以______的知识理论为基础，要应用科学的方法。

5. 市场调查的全过程性，即市场调查是信息______、______、______和______的过程。

6. 市场调查的不确定性，即市场调查所掌握的信息并不一定绝对________、________。

7. 市场调查的时效性，即市场调查应在用户对信息需求的________完成，并提供给用户。

8. 市场调查的类型主要可分为：描述性调查、__________、__________、预测性调查。

9. 市场环境调查主要包括：__________、经济环境调查、__________。

10. 市场需求调查是市场调查中最基本的内容，它包括消费____________、消费结构调查、________等内容。

11. 市场营销活动调查主要包括竞争对手调查、__________、__________

和促销渠道调查等。

12. 一般来说，市场调查的过程可分为如下三个阶段：________________、________________、市场调查的总结阶段。

三、选择题

1. 市场调查的目的主要包括（　　）

A. 正确认识市场，对之进行有效的管理。

B. 了解国情国力和社会、政治、文化等各方面的情况。

C. 了解市场需求，制定营销计划。

D. 为决策服务。

E. 收集感兴趣的指标信息。

2. 简单商品生产中的市场调查具有（　　）

A. 幼稚的色彩　　B. 成熟的特点

C. 现代的趋势　　D. 先进的特点

E. 完善的特点

3. 市场调查作为一门科学是20世纪初从（　　）逐步发展起来的。

A. 美国　B. 英国　C. 日本　D. 中国　E. 法国

4. 市场调查的最终目的是为有关部门和企业进行有关（　　）提供科学的依据。

A. 科学研究　　B. 预测和决策

C. 员工管理　　D. 财务决算

E. 设备管理

5. 调查工作的第一步应该是（　　）

A. 做好调查前的准备工作　　B. 确定调查的目标和内容

C. 有一支好的调查队伍　　D. 明确向谁做调查

E. 确定合适的调查地点

6. 市场调查的原则是：（　　）

A. 时效性　B. 准确性　C. 全面性　D. 科学性　E. 经济性

7. 按市场调查的客观要求，作为一个合格的调查员，应该具备相应的三个基本素质是：（　　）

A. 思想品德素质　　B. 业务素质　　C. 身体素质

D. 心理素质　　E. 政治素质

8. 市场调查和统计的关系是：（　　）

A. 分别为两门独立的科学

B. 调查作为科学，是统计学的一个分支

C. 调查作为实践，是统计工作的一个有机的组成部分

D. 调查工作中的定量分析方法主要是统计方法

E. 调查得到的数据是统计工作的基础

9. 市场调查对操作实施人员的培训以在职业务培训为主，主要包括：(　　)

A. 书面训练　　B. 口头训练

C. 模拟实践训练　　D. 态度技能训练　　E. 理论知识培训

10. 市场调查人员培训的基本内容主要有：(　　)

A. 政策法规培训　　B. 规章制度培训

C. 访问技巧培训　　D. 基本要求培训　　E. 项目专门培训

11. 某公司总经理从媒体报道中发现，该公司在市场销售中，其占有的份额在减少，他需要采取的措施首先应该是（　　）

A. 增加投入，扩大生产

B. 改进技术，增加产品的技术含量

C. 进行市场调查，了解份额减少的原因

D. 作好员工思想工作，搞好企业管理

E. 给员工加薪激励他们努力工作

12. 市场调查的三个主要阶段是指：(　　)

A. 制定调查计划阶段　　B. 市场调查的实施阶段

C. 市场调查的总结阶段　　D. 问卷复核阶段

E. 调查报告撰写阶段

13. 市场调查的计划阶段主要包括以下几个方面的工作：(　　)

A. 客户提出市场调查的要求　　B. 明确调查目标

C. 拟订调查方案（包括设计调查问卷）　　D. 签署协议

E. 市场调查费用决算

14. 市场调查的实施阶段的工作主要包括：(　　)

A. 访问　　B. 问卷处理

C. 问卷复核　　D. 回访　　E. 问卷分析

15. 市场调查总结阶段的步骤主要有：(　　)

A. 审核与校订　　B. 分组与汇总

C. 分析研究　　D. 撰写调查报告　　E. 信息咨询服务

四、简述题

1. 如何理解市场调查的含义和特点？
2. 市场调查的类型及主要涉及哪些适用领域？
3. 市场调查机构的含义及主要类型？
4. 市场调查的原则有哪些？
5. 市场调查包括哪些基本步骤？
6. 请用框图画出市场调查的一般程序。

参考答案

一、名词解释（略）

二、填空题

1. 规律　决策依据
2. 系统
3. 社会　社会经济活动
4. 科学
5. 识别　收集　分析　传递
6. 准确　完整
7. 有效时间内
8. 因果性调查　探测性调查
9. 政治环境调查　社会文化环境调查
10. 需求量调查　消费者行为调查
11. 分销渠道调查　服务调查
12. 市场调查的准备阶段　市场调查的实施阶段

三、选择题

1. ABCDE　2. A　3. A　4. B　5. B
6. ABCDE　7. ABCD　8. BCDE　9. ABCDE　10. ABCDE
11. C　12. ABC　13. ABCD　14. ACD　15. ABCDE

四、简述题

1 题答：

市场调查是指通过有目的地对一系列资料、情报、信息的判断、收集、筛选、解释、传递、分类和分析，来了解现有的和潜在的市场，并以此为依据作出经营决策，从而达到进入市场、占有市场并取得预期效果的活动过程。市场调查主要包括以下特点：

（1）目的性。即市场调查是为了找出市场发展变化的规律，向用户提供决策依据。市场调查是一种了解市场特征、掌握市场趋势变动的手段，而不是最终目的。市场调查的最终目的是为有关部门和企业进行有关预测和决策提供科学的依据。因而市场调查目标必须明确。

（2）系统性。即市场调查的每个阶段都要制定系统的计划。系统性，是指市场调查是对市场状况进行研究的整体活动。即市场调研必须针对某一个问题，明确目的，在先行设计、经过认真策划的基础上收集充分的、有代表性的数据并加以整理、分析和提出调查报告的系统过程。

（3）社会性。即市场调查是面向社会的调查活动，涉及社会经济生活的各个领域。市场调查可以用于测量社会个体简单的东西，如被调查者的身高、体重或性别、年龄文化程度等基本情况；可以用于测量企业营销环境现状与变动规律；也可以用于测量社会经济发展等复杂问题。

（4）科学性。即市场调查的整个过程要科学安排，要以科学的知识理论为基础，要应用科学的方法。市场调查必须采取科学的方法，仔细观察，形成假设，预测并实验。通过大量观察可以消除偶然性，揭示研究现象的必然性。当然，要强调方法的适应性，通过多种来源收集信息有更大的可信度。

（5）全过程性。即市场调查是信息识别、收集、分析和传递的过程。市场调查不是单纯的市场信息搜集过程，而是对市场状况进行调查研究的整体活动。即包括调查设计、搜集资料、整理资料、分析资料和提出调查报告等环节在内的一个完整的过程。

（6）不确定性。即市场调查所掌握的信息并不一定绝对准确、完整。市场上的情况是不断变化的，有的时候有些条件是稳定的，但大部分的情况下市场是在一直改变的。例如，政府的政策在改变、竞争的力量在改变，供应的条件在改变等，所以即使获得的资料完整也可能具有某种不确定性，市场调查也不能确保企业预测和决策一定能成功。不能认为搞了市场调查就万事大吉了，这是市场调查所应注意的问题。市场调查的作用是为营销决策提供宝贵的参考资料和信息，它并不能代替决策。

（7）客观性。即市场调查要提供反映真实情况的准确无误的信息。市场调查必须采用科学的方法，不带任何偏见，不受感情因素的影响，对事实、证据的阐述必须排除主观性，进行客观的、合乎逻辑的推断。

（8）时效性。即市场调查应在用户对信息需求的有效时间内完成，并提供给用户。市场调查有一定的时间限制，若不能按期保质保量地完成，则会失去其应有的意义。

2 题答：

市场调查的类型包括：

（1）探测性市场调查

探测性市场调查是指当市场情况不十分明了时，为了发现问题，找出问题的症结，明确进一步深入调查的具体内容和重点而进行的非正式的调查。目的是提供一些资料以帮助研究人员认识和理解所面对的问题、发现想法和洞察内部。探测性调查常常作为全部方案设计的前端部分，用于在大规模正式调查之前，帮助研究人员将问题定义得更准确些、将解决问题的方案定得更明确些、为问卷的设计提供更好的思路和更多相关的资料等。在调查时采用没有什么代表性的小样本。常用方法：专家咨询或调查、试点调查、个案研究、二手资料分析等。

（2）描述性市场调查

描述性市场调查是对所研究问题的特征和功能进行如实记录的调研。前提是研究者事先已对所研究的问题有了许多相关知识。描述性市场调查一般以有代表性的大样本为基础，获取原始定量数据的基本方法是调查和观察。描述性市场调查的特征为：有事先制定好的具体假设、有事先设计好的有结构的方案。常用方法：电话访问、面访、邮件访谈、电子访谈等。

（3）因果性调查

因果性调查是指为了了解市场变化的原因，分析市场上各种变量之间因果性质的关系而进行的调查。目的是获取有关起因和效果之间关系的证据，识别变量之间的因果关系。为此，一般要了解哪些是起因变量，哪些是结果变量，以及它们之间相互关系的性质。因果性调查的特征为：要处理一个或多个独立变量、要控制其他中间变量或间接变量。常用方法：实验法。

（4）预测性调查

预测性调查是利用已有的市场经验和科学的预测技术对市场未来的发展趋势进行评估和判断的调查方法。预测性调查要求对影响市场未来发展的各种因素进行调查，并且对未来可能出现的各种状况及其概率进行估计和测算。常用方法：定性预测（主要包括：直观判断法、德尔菲法等）、定量预测（主要包括：长期趋势法、移动平均法、指数平滑法、季节指数法和回归预测法等）。

市场调查主要涉及以下适用领域：

（1）市场环境调查。主要包括：政治环境调查、经济环境调查、社会文化环境调查等。

（2）市场需求调查。它是市场调查中最基本的内容，主要包括：消费需求量调查、消费结构调查、消费者行为调查等。

（3）市场营销活动调查。主要包括：竞争对手调查、分销渠道调查、服务调查和促销渠道调查等。

（4）产品调查。主要包括：产品生产能力调查、产品质量调查、产品包装调查、产品生命周期调查、产品价格调查。

（5）消费者购买力调查。对消费者购买力调查包括三方面，即：城乡居民购买力调查、社会集团购买力调查、生产资料购买力调查。

（6）广告效果调查。包括广告目标、广告创意、广告信息、广告画面、广告音响、媒体选择、费用预算、收视率及覆盖面等。

3题答：

市场调查机构是指专门或主要从事市场调查咨询活动的单位或部门。对于专门从事市场调查活动的单位，称为专业市场调查机构（或公司）；对于在企业（或公司）里设立的主要从事市场咨询调查活动的有关部门，称为企业市场调查机构。它们都是进行有效市场调查咨询的组织保证。但是，企业市场调查机构通常需要依托专业市场调查公司来开展市场调查活动。市场调查机构的主要类型有：

（1）企业市场调查机构。它是企业内部策划、组织、协调或承担市场调查任务职能部门，它包括专职和兼职两种。企业市场调查专职机构主要设立于一些大中型企业，特别是那些产品市场竞争强，市场范围广，并且具备相应资金和人员条件的大中型企业。企业市场调查兼职机构较多集中于市场部、企划部、公关部、广告部、销售部等企业职能部门，并且在上述部门有着数量不等的专兼职市场调查人员。

(2) 专业市场调查机构。也称社会市场调查机构，它是企业之外接受各方委托从事市场调查的主体，是进行市场调查的独立组织。国外专业市场调查机构的主要公司类型有：综合性市场调查公司、咨询公司、广告公司的调查部门。中国大陆专业市场调查机构的主要公司类型有：市场调研公司、广告公司设置的调研部门、咨询公司等。

4 题答：

市场调查的主要原则有：

(1) 时效性原则。是指搜集、发送、接收、加工、传递和利用市场调查资料的时间间隔期要短、效率要高。为此，市场调查开展要及时；调查资料的传递渠道畅通、层次少、手段要先进；调查资料的加工效率要高，尽量缩短从搜集到进入使用的时间。

(2) 准确性原则。又称真实性原则，是指调查资料必须真实、准确地反映和描述客观实际，才能使市场预测决策建立在准确的市场调查资料基础上。它要求调查资料必须是对调查对象完全客观的描述，而不能夹杂着人为的主观评价；调查资料涉及的时间、地点、事情经过、经济活动主体都要准确无误；调查资料描述必须客观真实可靠，不能虚构；各种数据必须准确，计量单位科学，语言表达必须明晰、准确，不能含糊。

(3) 全面性原则。又称系统性原则，是指市场调查必须全面系统地搜集有关市场经济信息资料。要求从多方面描述和反映调查对象本身的变化和特征；从多方面反映影响调查对象发展变化的各种内外因素，特别是要抓住本质的关键的因素；要求市场调查活动应具有连续性，以便不断积累信息，进行系统动态的分析和利用。

(4) 科学性原则。市场调查的科学性主要体现在科学地选择调查方式、调查对象及科学地拟订问卷；同时需运用一些社会学和心理学方面的知识，以便与被调查者更好地交流、科学地整理所收集到的资料。并运用一些数学模型和统计学知识对整理的资料进行分析，较精确地反映调查结果。

(5) 经济性原则。是指市场调查应按照调查的目的要求，选择恰当的调查方法，争取用较少的费用获取更多的调查资料。要以尽可能少的费用取得相对满意的市场信息资料。市场调查工作和各项工作一样，都要提高经济效益，做到少花钱多办事。所以，市场调查也要讲求经济效益，力争以较少的投入取得最好的效果。

5 题答：

一般来说，市场调查的过程可分为如下三个阶段，共 13 个步骤：制定调查计划阶段（市场调查的准备阶段）、市场调查的实施阶段、市场调查的总结阶段。

(1) 市场调查准备阶段

市场调查的准备阶段也叫制定调查计划阶段，是从客户提出市场调查的要求开始直到签订协议为止的过程，主要包括客户提出市场调查的要求、明确调查目标、拟订调查方案（包括设计调查问卷）、签署协议等几方面的工作。

第一步：客户调查要求的全面咨询。

第二步：拟订调查方案。拟订方案的过程就是通常所说的市场调查策划及其文字化的过程。通常在市场调查方案中对市场调查的目的、内容、方法以及抽样、统计分析、调查的时间安排、费用等作具体说明。

第三步：设计调查问卷。调查问卷的内容主要是把调查方案中涉及的调查内容或调查项目具体化，明确向被调查者了解些什么问题，将内容或项目变成一系列问题，以取得所需信息资料。

第四步：预调查。即对小部分调查对象根据调查要求进行访问，然后将获得的资料加以整理、分析。这样可以发现问卷设计中存在的问题，便于对调查问卷的修改，并节省时间和经费。

第五步：修订调查方案和调查问卷，并交客户认证。只有当调查方案根据客户的要求进行修改且得到客户的认可，并按商业规范要求签订协议后，才可进行到调查实施阶段。

（2）市场调查实施阶段

当准备工作完成后，市场调查的实施阶段就开始了，也就是正式的资料收集工作开始了。资料搜集过程包括访问、问卷复核和回访等几个方面。

第六步：访问。由访问员对被调查者进行调查获取调查资料。

第七步：问卷复核。对访问员交回的问卷资料进行检查，以便发现是否有不符合规定的地方，比如说问卷要求单选而回答中填成了多选等。

第八步：回访。对不符合规定的地方，由督导进行重新访问。回访除了消除不符合规定的回答外，另外一个功能是了解、判断访问员调查过程的真实性。

（3）市场调查总结阶段

市场调查取得的各项资料，大多是分散的、零星的，有些是片面的。为了反映事物的特征，必须对调查资料进行分类和归类、分析和研究，才能达到市场调查认识市场、揭示事物的必然性和规律性的目的。调查结果处理的步骤如下：

第九步：审核与校订。对调查取得的原始资料进行审查与核实，检查资料中是否存在问题，达到去粗取精，去伪存真的目的。

第十步：分组与汇总。对调查取得的原始资料进行分组处理和统计汇总。

第十一步：分析研究。通常用一元统计技术分析样本单位的变量测量数据，或在有多个测量指标时，对每一个指标进行单独分析；当每个样本单位包含有多个测量指标时，可用多元统计技术对它们进行同步分析。对调研资料利用统计方法进行分析，分析结果可编成统计表或统计图，方便读者了解分析结果。

第十二步：撰写调查报告。应当用理解的方式报告研究结果，以便这些结果能在决策中充分发挥作用，应借助图、表向管理层做口头报告，使提交的报告清晰而有效。由于数据和分析方法的局限，调研结果的信度和效度可能有限，因此在利用这些结果进行重大决策时，要认识到研究的局限性。调查报告是调查项目的重要部分，是呈交给客户的最终产品。

第十三步：信息咨询服务。在向用户提供信息咨询服务时，应注意及时了解用户对信息变化的需求，并根据用户需求的变化，进行新的市场调查，进入下一轮的市场调查过程。

6 题答：（如图 1.1 所示）

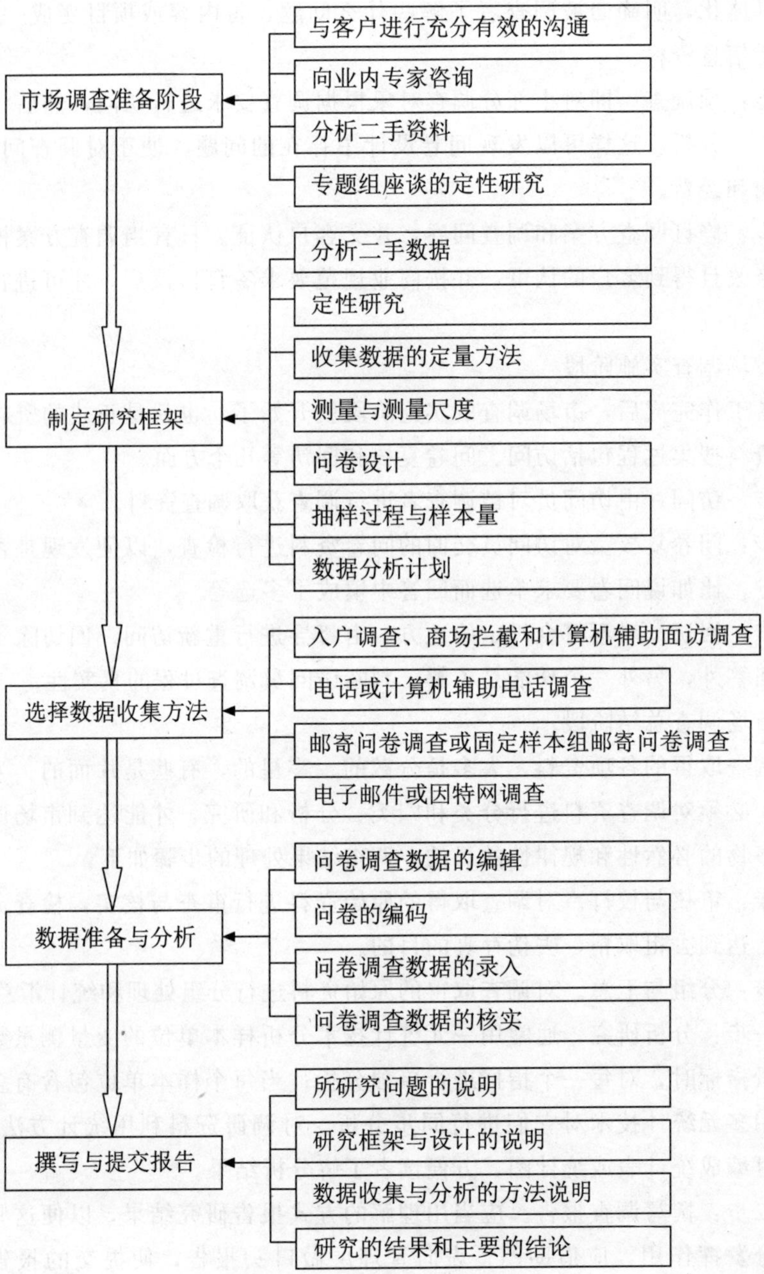

图 1.1　市场调查的基本程度

第二章　市场调查组织方式

指点迷津

一、学习目的与要求

通过本章的学习，要求学生掌握各种调查组织方式，即普查、重点调查、典型调查和抽样调查等。主要对各种组织方式的概念、适用条件、基本原理、调查步骤加以了解，并能根据调查目的，选用不同的调查方法收集资料，为市场分析、预测奠定基础。

二、本章重点

1. 全面市场调查方式
2. 非全面市场调查方式
3. 重点调查中重点单位的确定
4. 典型调查中“典型”的选择
5. 普查中应注意的问题
6. 非概率抽样的方法
7. 概率抽样组织方式
8. 抽样误差的种类及影响抽样误差的因素
9. 必要抽样数目（样本容量）的影响因素
10. 三种非全面调查方法的特点

三、本章难点

1. 各种调查组织方式的结合应用
2. 抽样误差的控制
3. 分层抽样、系统抽样和整群抽样的特点及使用场合
4. 样本容量的确定

脉络框架

- 市场调查的组织方式
  - 全面调查（市场普查）
  - 非全面调查
    - 典型调查
    - 重点调查
    - 抽样调查
      - 非概率抽样
        - 方便抽样
        - 判断抽样
        - 配额抽样
        - 自愿抽样
        - 雪球抽样
      - 概率抽样
        - 简单随机抽样
        - 分层抽样
        - 系统抽样
        - 整群抽样
        - 多阶段抽样

习题练兵

一、名词解释

1. 普查　2. 重点调查　3. 典型调查　4. 抽样调查
5. 概率抽样　6. 非概率抽样　7. 总体　8. 样本
9. 样本容量　10. 抽样误差

二、填空题

1. 按调查对象包括的范围不同，市场调查可以分为________和________。
2. 市场调查的组织形式主要有__________、重点调查、典型调查和__________。
3. 普查是为了某一特定目的而______________的______________全面调查。
4. 根据样本抽取方法的不同，抽样调查可以分为__________和__________。
5. 重点调查具有__________、__________非推断性和选择性的特点。
6. 市场普查可以分为________、________和________三个层次。
7. 统计量通常有________、________和________。
8. 使用较多的概率抽样方法有________、________、________、________和________。
9. 在重复简单随机抽样中，当抽样误差缩小一半，则必要抽样数目 n 要增大________倍；当抽样误差扩大一倍，则必要抽样数目 n 只需原来的________。
10. 影响样本容量的因素主要有：总体的变异程度、________、________、

________和抽样的组织形式。

11. 调查误差一般有________和________两种。

12. 设计效应（deff）是对于同样规模的样本量，其他抽样方式的估计量方差对________估计量方差的比值。

三、单项选择题

1. 一个样本中所包含的个体数目多少是指（　　）

A. 样本　　B. 总体　　C. 样本容量　　D. 抽样

2. 一般情况下，抽样组织形式的选择主要决定于（　　）

A. 所需样本容量的大小　　B. 抽样误差的大小

C. 总体标准差的大小　　D. 所需调查经费的多少

3. 在市场调查实践中，所谓大样本是指样本容量（　　）

A. 等于 30　　B. 不等于 30　　C. 大于 30　　D. 小于 30

4. 重点调查中的“重点单位”是指（　　）

A. 这些单位的数量占总体全部单位数的很大比重

B. 这些单位是工作重点

C. 这些单位具有举足轻重的作用

D. 这些单位的标志值在总体标志总量中占有绝大比重

5. 最为简单的随机抽样组织形式为（　　）

A. 简单随机抽样　　B. 整群抽样　　C. 等距抽样　　D. 分层抽样

6. 一般来说，随机抽样（　　）

A. 不容易进行　　B. 难以确定抽取个体的数目

C. 推断的结果不够准确　　D. 需要经费多，但估计效果好

7. 确定样本容量时，需要考虑的两个基本因素是（　　）

A. 总体规模和抽样方式　　B. 调查经费限制和时间限制

C. 总体变异程度和调查精度要求　　D. 回答率和分组需要

8. 将一组被调查人视为一个抽样单元而不是个体的抽样是（　　）

A. 分层抽样　　B. 整群抽样　　C. 配额抽样　　D. 连带抽样

9.（　　）是由于随机抽样的偶然因素使样本各单位的结构不足以代表总体各单位的结构，而引起抽样指标和全局指标的绝对离差。（　　）

A. 抽样误差　　B. 抽样精度　　C. 估计差错　　D. 估计精度

10. 研究人员从工作方便出发，在调查对象中随意选择一定数量的个体进行调查，这种抽样是（　　）

A. 方便抽样　　B. 判断抽样　　C. 配额抽样　　D. 整群抽样

11. 研究人员依据自己的主观分析和判断，来选择那些适合研究目的的个体进行调查，这种抽样是（　　）

A. 方便抽样　B. 判断抽样　C. 配额抽样　D. 整群抽样

12. 按比例抽取一群特定数目的、满足特定条件的被调查人进行采访，这种抽样是（　）

A. 便利抽样　B. 连带抽样　C. 判断抽样　D. 配额抽样

13. 下面哪种调查方式的样本不是随机选取的（　）

A. 分层抽样　B. 系统抽样

C. 判断抽样　D. 整群抽样

14. 在配额抽样中选取控制特征应考虑的因素有（　）

A. 调研的背景和目的　B. 总体内部的差异状况

C. 调研项目之间的相互关系　D. 以上都对

15. 使用配额抽样有助于（　）

A. 降低非随机抽样所产生的偏差　B. 降低抽样费用

C. 提高抽样效果　D. 提高数据的准确性

16. 下列选项哪种抽样方式不属于概率抽样（　）

A. 系统抽样　B. 整群抽样　C. 分层抽样　D. 滚雪球抽样

17. 为检验某仓库的苹果质量是否能达到标准，可以对被选作样本单位的每箱苹果进行调查，这种抽样方法称为（　）

A. 简单随机抽样　B. 整群抽样　C. 系统抽样　D. 分层抽样

18. 在样本框中每隔一定距离抽选一个受访者，这种抽样方法称为（　）

A. 简单随机抽样　B. 整群抽样　C. 系统抽样　D. 分层抽样

19. 调查人员依据实际情况和个人经验人为确定样本单位，这种抽样方法称为（　）

A. 概率抽样　B. 连带抽样　C. 配额抽样　D. 判断抽样

20. 分层抽样和配额抽样最主要的区别在于（　）

A. 前者按随机原则抽取，后者按非随机抽取

B. 前者按主观性抽取，后者按随机原则抽取

C. 前者比后者更精确

D. 后者比前者更精确

21. 一般来说，如果给定置信度，那么（　）

A. 允许误差越小，估计值的精度越高

B. 允许误差越小，估计值的精度越低

C. 允许误差越大，估计值的精度越高

D. 允许误差的大小不影响估计值的精度

22. 一般来说，如果给定允许误差，那么（　）

A. 置信度越高，估计值的精度越高

B. 置信度越高，估计值的精度越低

C. 置信度越低，估计值的精度越低

D. 置信度的大小不影响估计值的精度

23. 设计效应（deff）是任意抽样方式的估计量方差与下列哪种抽样方式的抽样估计量方差的比值（　　）

A. 简单随机抽样　　B. 分层抽样

C. 配额抽样　　D. 系统抽样

24. 下面关于设计效应的叙述正确的是（　　）

A. 简单随机抽样的设计效应（deff）<1

B. 整群抽样的设计效应（deff）≤1

C. 分层抽样的设计效应（deff）≥1

D. 系统抽样的设计效应（deff）≤1

25. 如果调查前的样本容量为 800，其回答率为 80%，则应抽取的样本容量为（　　）

A. 100　　B. 1000　　C. 640　　D. 6400

四、多项选择题

1. 简单随机抽样常用的方法有（　　）

A. 抽签法　　B. 乱数法　　C. 排队法　　D. 直接抽选法

2. 系统随机抽样的优点是（　　）

A. 简便易行，对抽样框的要求不高

B. 可使样本单位较均匀地分布于总体中

C. 有利于降低抽样误差

D. 抽样效果优于简单随机抽样

3. 常用的系统抽样方法有（　　）

A. 随机起点等距抽样　　B. 半距起点等距抽样

C. 随机起点对称系统抽样　　D. 以上都对

4. 关于系统抽样正确的说法有（　　）

A. 抽样之前要将所有总体单位排序

B. 系统抽样的精度高于分层抽样

C. 系统抽样的精度高于整群抽样

D. 系统抽样的抽样误差计算较为复杂

5. 下面的哪种抽样调查结果能用于对总体有关参数进行估计（　　）

A. 分层抽样　　B. 判断抽样　　C. 系统抽样　　D. 整群抽样

6. 分层抽样的特点是（　　）

A. 层内差异小，层间差异大　　B. 层内差异大，层间差异小

C. 层内差异大，层间差异大　　D. 层间差异大

7. 整群抽样群的划分标准是（　　）

A. 尽量使群内差异小，群间差异大　B. 尽量使群内差异小，群间差异小
C. 尽量使群内差异大，群间差异小　D. 按空间位置或逻辑关联划群

8. 有关整群抽样正确的说法有（　　）
A. 通常情况下抽样误差比较大
B. 调查相对比较集中，实施便利，节省费用
C. 整群抽样的方差一般比系统抽样的方差大
D. 为了获得同样的精度，整群抽样的样本容量一般比简单随机抽样的样本容量大

9. 非概率抽样按照具体的抽样方式进行分类，可以划分为（　　）
A. 配额抽样　B. 便利抽样　C. 判断抽样　D. 自愿抽样

10. 非概率抽样与概率抽样的主要区别是（　　）
A. 抽样时是否遵循随机原则　B. 使用场合的不同
C. 样本容量的确定不同　D. 抽样误差的测定不同

11. 影响抽样误差的因素有（　　）
A. 总体各单位标志值的差异程度
B. 样本单位的数目
C. 抽样方法
D. 总体规模、范围的大小

12. 控制非抽样误差的方法包括（　　）
A. 严格调查程序、规范调查步骤　B. 合理设计问卷
C. 加强调查人员的培训和管理　D. 改进测量方法和工具

13. 关于判断抽样正确的说法有（　　）
A. 又称目标、主观抽样、立意抽样、专家抽样
B. 具有主观性，估计精度严重依赖于调查者自身的素质
C. 有时也会选择"极端型"的总体单位进行调查
D. 是概率抽样方法

14. 关于非概率抽样正确的说法有（　　）
A. 抽样时按调查者的主观经验或其他条件来抽取样本
B. 概率抽样的结果一般优于非概率抽样
C. 非概率抽样既无法确定抽样的误差大小，也无法从概率意义上确保推断的准确性
D. 非概率抽样先于概率抽样而广泛应用

15. 在非概率抽样中，提高抽样效果的办法有（　　）
A. 对参与调查的人员进行严格的培训
B. 让专家们共同参与非随机抽样选择工作
C. 增加随机性

D. 事先了解相关人员的主观倾向

16. 确定样本容量时，所抽取样本的大小与总体的变异程度大小的关系（　　）

A. 呈同向变动　　B. 呈反向变动

C. 是无关的　　D. 是有关的

17. 分层抽样的优点是（　　）

A. 在调查中还可对各子总体的参数进行估计

B. 易于分工组织及逐级汇总

C. 可以提高估计量的精度

D. 实施最为方便

E. 保证样本更具代表性

18. 整群抽样的优点是（　　）

A. 节省费用　　B. 方便实施

C. 比分层抽样效果好　　D. 比简单随机抽样效果好

E. 有时能够得到较高的精度

19. 确定样本规模时，需要考虑与数据可靠性要求有关的主要因素，这些因素包括（　　）

A. 总体变异　　B. 调查精度　　C. 总体规模

D. 抽样方式　　E. 回答率

20. 下面的陈述中正确的是（　　）

A. 非抽样误差只存在于非概率抽样中

B. 抽样误差只存在于概率抽样中

C. 在全面调查中也存在非抽样误差

D. 无论是概率抽样还是非概率抽样都存在非抽样误差

E. 抽样误差是可以避免的

五、简述题

1. 重点调查、典型调查和抽样调查有何异同？
2. 什么叫抽样误差、抽样平均误差、抽样极限误差？它们之间有何关系？
3. 市场调查中应用抽样的必要性。
4. 简述随机抽样调查的主要特点？
5. 抽样设计中应注意哪些问题，如何解决？
6. 简述分层抽样的优缺点。
7. 简述整群抽样的优缺点。
8. 市场抽样调查中非抽样误差是怎样产生的？
9. 抽样误差的影响因素有哪些？
10. 确定样本容量时需要考虑的因素有哪些？

11. 进行简单随机重复抽样，假定抽样单位增加 3 倍，则抽样平均误差将发生如何变化？如果要求抽样误差范围减少 20%，其样本单位数应如何调整？

12. 某市商业银行准备开展储户投资意向调查，试设计一份抽样方案。

六、计算题

1. 某居民区共有 10000 户，现用抽样调查估计该区居民的季度用水量，采用简单随机抽样抽取了 100 户得到平均每户用水量是 12.5 吨，方差为 1252 吨，置信水平为 95%。若要求估计误差每户不超过 2 吨，试问应该抽多少户作为样本？

2. 从一叠数据表中，简单随机抽取了 250 张，发现其中 50 张有不同程度的错误，置信水平为 95%。若已知这批单据共 1000 张，要求估计误差不超过 5%，则分别在重复抽样和不重复抽样条件下，至少应抽取多少张单据作为样本？

3. 一家调查公司欲调查某城市居民拥有汽车家庭所占的比例，要求在 95%的置信水平下，使估计误差不得超过 5%，问：(1) 当调查人员认为实际的比例不会大于 20%时，应抽取多大容量的样本？(2) 当调查人员对实际状况一无所知时，应抽取多大容量的样本？

4. 某电器供应商对产品售后服务的满意率进行抽样调查，要求抽样极限误差不超过 3%，置信水平为 95%，已知过去三年顾客满意率分别为 89.15%，89.50% 和 90.10%，根据以上资料计算至少抽取多少顾客进行调查？

5. 假定某统计总体有 5000 个总体单位，其被研究标志的方差为 400，若要求抽样极限误差不超过 3，置信水平为 95%，试问采用不重复抽样应抽取多少样本单位？

6. 从某厂生产的一批灯泡中随机重复抽取 100 只，检查结果是：100 只灯泡的平均使用寿命为 1000 小时，标准差为 150 小时。要求：(1) 试以 95.45%的置信水平推断该批灯泡平均使用寿命的抽样极限误差。(2) 假定其他条件不变，如果将抽样极限误差减少至原来的$\frac{1}{2}$，应抽取多少只灯泡进行检查？

7. 从电子元器件的一批产品中简单随机抽取 100 个并进行了检验，其中合格品为 92 个，试估计这批产品的合格率。如果在 95%置信水平下，同时使估计的绝对误差不超过 1%，那么需要样本容量是多少？

8. 某次关于某市家庭人均住房面积的调查中，委托方要求估计误差限为 2 平方米，置信水平为 95%，现根据以前调查的结果，认为总体方差 $\sigma^2=68$。要求：(1) 试确定简单随机抽样所需的样本量；(2) 如果调查的预期回答率为 70%，那么最终的样本量是多少？

参考答案

一、名词解释（略）

二、填空题

1. 全面调查　　非全面调查
2. 普查　　　抽样调查
3. 专门组织的　　一次性
4. 概率抽样　　　非概率抽样
5. 专门性　　　　非全面性
6. 宏观　　中观　　微观
7. 样本均值　　样本比例　　样本方差
8. 简单随机抽样　　分层抽样　　系统抽样　　整群抽样
9. 四倍　　四分之一
10. 抽样的精确度　　允许误差　　抽样的方法
11. 非抽样误差　　抽样误差
12. 简单随机抽样

三、单项选择题

1—5. CBCDA　　6—10. DCBAA　　11—15. BDCDA　　16—20. DBCDA
21—25. ABADB

四、多项选择题

1. ABD	2. ABC	3. ABCD	4. AD	5. ACD
6. AD	7. CD	8. BCD	9. ABCD	10. AD
11. ABC	12. ABCD	13. ABC	14. ABCD	15. ABD
16. AD	17. ABCE	18. ABE	19. ABCDE	20. BCD

五、简述题

1 题答：区别：（1）定义不同；（2）特点不同；（3）作用不同。

相同点：都属于非全面调查。

2 题答：抽样误差是指调查的结果和客观实际情况的出入和差数，一般有非抽样误差和抽样误差两种。

抽样平均误差是遵守随机原则抽样，所有可能出现的样本指标的标准差，用 $\sigma_{(\theta)}$ 表示。

抽样极限误差是抽样误差最大可能范围，用Δ表示。

关系：$\Delta = t\sigma_{(\theta)}$　　　　其中，t 表示概率度。

3 题答：(1) 市场调查的客体特征是参与者众多、时间空间跨度很大，要获得全面的信息既无可能也无必要；(2) 市场调查的主体是企业或那些专业市场调查机构，由于人财物资源都有限，根本无力进行人口普查式的全面调查，何况通常市场调查的信息要比人口普查的信息复杂得多。

4 题答：(1) 它的调查对象只是作为样本的一部分单位，而不是全部单位；(2) 抽样调查一般按照随机原则抽取，而不是调查者主观确定；(3) 抽样目的是从数量上推断总体、说明总体； (4) 随机抽样调查的误差是可以计算的，误差范围是可以控制的。

5 题答：(1) 需要取得客户的认可；(2) 在精度和预算之间求得平衡；(3) 必须与问卷甄别部分相呼应；(4) 必须与数据处理方案相呼应。

6 题答：分层抽样的优点：(1) 保证样本更具代表性。由于分层抽样中每层一定有单元被抽到，样本分布更均匀；(2) 调查的组织及数据的汇总都比较方便。分层抽样中的数据收集、汇总和处理都可按层独立进行。如果层是按一定行政系统划分时，就可按各自的行政系统组织；(3) 对不同层可以按照具体情况和条件灵活使用不同的抽样方法。例如在一些层中用等概率抽样，而在另一些层中用不等概率抽样；或者在一些层中用二阶抽样；在另一些层中需用三阶或四阶抽样；(4) 分层抽样可以提高估计量的精度。这也是分层抽样被普遍采用的原因之一。特别是当层内单元指标差异较小，而层间差异较大时，分层抽样的精度可有较大提高。

分层抽样的缺点：(1) 有时在实际中分层并不容易，需要收集必要的资料，从而耗费额外的费用； (2) 分层抽样要求各层的大小都是已知的，当它们不能精确得知时，就需要通过别的手段进行估计。这不仅增加了抽样设计的复杂性，而且也会带进新的误差。

7 题答：优点是：(1) 方便实施，节省费用；(2) 有时能够得到较高的精度。

缺点是：与其他抽样方式相比效果较差。

8 题答：非抽样误差是基于抽样之外的许多其他原因而产生的误差，从理论上看，概念性错误、逻辑性错误、对回答的错误解释等都可导致此误差的出现，大致可归纳为以下几个方面：

- 非抽样误差
  - 非观测偏差
    - 覆盖不周
    - 无回答
      - 不在家
      - 拒答
  - 观测偏差
    - 被访问者责任
      - 故意错答
      - 误解而错答
    - 访问员责任
      - 访问员过失
      - 访问员作弊

9 题答：误差大小主要受四个因素影响：（1）与总体各单位标志值的差异程度有关。总体各单位之间差异越大，即总体方差越大，抽样误差就越大；反之，抽样误差就越小。（2）与抽取的样本量有关。在其他条件相同的情况下，样本量越大，抽样误差就越小；反之，抽样误差就越大。（3）与抽样方式和估计方式也有关系。例如分层抽样的估计精度高于简单随机抽样。在有辅助信息的条件下，比率估计、回归估计也可以有效地减小抽样误差。（4）与抽样的方法有关。重复抽样和不重复抽样的抽样误差的大小不同。采用不重复抽样比采用重复抽样的抽样误差小。

10 题答：（1）与满足数据的可靠性要求有关的主要因素，包括总体的变异程度、调查精度、总体规模、抽样方式、回答率等。（2）与实际操作上的限制有关的因素，包括调查经费、时间限制、人力资源等。

11 题答：进行简单随机重复抽样，假定抽样单位增加 3 倍，则抽样平均误差减少到原来的二分之一；如果要求抽样误差范围减少 20%，其样本单位数应增加到原来的 1.5625 倍。

12 题答：（略）。

六、计算题

1. 解：

当 $\Delta_{\bar{x}} \leqslant 2$ 时，所需要的样本容量至少为：

$$n = \frac{Nt^2s^2}{N\Delta_{\bar{x}}^2 + t^2s^2} = \frac{10000 \times 1.96^2 \times 1252}{10000 \times 2^2 + 1.96^2 \times 1252} = 1074\text{（户）}$$

2. 解：

当 $\Delta_p \leqslant 0.05$ 时，在重复抽样条件下，所需要的样本容量至少为：

$$n = \frac{t^2p(1-p)}{\Delta_p^2} = \frac{1.96^2 \times 0.2 \times 0.8}{0.05^2} = 246$$

而在不重复抽样条件下，所需的样本容量至少为：

$$n = \frac{Nt^2p(1-p)}{N\Delta_p^2 + t^2p(1-p)} = \frac{10000 \times 1.96^2 \times 0.2 \times 0.8}{10000 \times 0.05^2 + 1.96^2 \times 0.2 \times 0.8} = 198$$

3. 解：

（1）当 $p \leqslant 0.2$ 时，应抽取的样本容量为：

$$n = \frac{t^2p(1-p)}{\Delta_p^2} \leqslant \frac{1.96^2 \times 0.2 \times 0.8}{0.05^2} = 246\text{（户）}$$

（2）当调查人员对实际状况一无所知时，应抽取的样本容量为：

$$n = \frac{t^2p(1-p)}{\Delta_p^2} = \frac{1.96^2 \times 0.5 \times 0.5}{0.05^2} = 348\text{（户）}$$

4. 解：由于不知道该电器供应商对产品售后服务的对象及总体容量 N，所以只能采用简单重复随机抽样；又由于在过去三年顾客满意率的样本方差中 0.8915×（1－

0.8915) =0.0967 为最大者，因此，在 95%的概率把握度条件下，至少抽取 $n=\frac{t^2p(1-p)}{\Delta_p^2}=\frac{1.96^2\times0.0967}{0.03^2}=413$ 名顾客进行调查。

5. 解：

$$n=\frac{Nt^2\sigma^2}{N\Delta_{\bar{x}}^2+t^2\sigma^2}=\frac{5000\times2^2\times400}{5000\times3^2+2^2\times400}=172$$

6. 解：

(1)

$$\Delta_{\bar{x}}=2\times\frac{150}{10}=30$$

(2)

$$n=\frac{t^2\sigma^2}{(\Delta_{\bar{x}})^2}=\frac{t^2\sigma^2}{\frac{1}{4}(\Delta_{\bar{x}})^2}=4\times\frac{2^2\times150^2}{30^2}=4\times100=400$$

7. 解：

(1) 这批产品的合格率为 $p=92\%$

(2) $n=\frac{t^2p(1-p)}{(\Delta_p)^2}=\frac{1.96^2\times0.92\times0.08}{0.01^2}=2827.418$

即需要抽取 2828 个电子元器件。

8. 解：

(1) 简单随机抽样所需的样本量：

$n=\frac{t^2\sigma^2}{(\Delta_{\bar{x}})^2}=\frac{1.96^2\times68}{2^2}=65.3072$，即抽取 66 户。

(2) 如果调查的预期回答率为 70%，那么最终的样本量是：

$n_1=\frac{n}{r}=\frac{66}{70\%}=94.29$，即所需的样本量是 95 户。

第三章　市场调查方案策划

指点迷津

一、学习目的与要求

通过本章学习，掌握市场调查方案策划的基本含义、作用以及市场调查方案策划的基本特征，掌握市场调查课题的概念和类型、调查课题的主要来源以及确定调查课题的基本程序，重点掌握市场调查策划方案的主要内容以及撰写基本格式，以培养学生设计调查方案、制定调查方案的能力。最后，要求学生学会对于已经制定的备选调查方案进行可行性评价，掌握基本评价标准和方法。

二、本章重点

1. 市场调查活动和策划方案特征的基本认识

2. 市场调查研究课题的来源、类型以及市场调查课题拟定的认识和掌握

3. 市场调查方案所包含的主要内容

4. 掌握市场调查方案的基本撰写格式和注意事项，培养形成制定市场调查方案策划的能力

5. 学会对市场调查方案进行可行性分析，掌握基本的分析标准和方法

三、本章难点

1. 如何有效确定市场调查研究课题

2. 市场调查策划方案所包含的主要内容

3. 市场调查方案的可行性研究评价方法，尤其是市场调查方案评价模型的建立与选择

四、有关说明

1. 在进行本章教学时，建议以案例教学法贯穿教学基本过程

2. 市场调查方案策划的教学，其主要目的是培养学生设计调查方案，制定调查方案，评价调查方案的能力，因此，教学时建议安排 2—4 课时的实践教学时间，以增

强学生对于市场调查方案策划实践活动的认识

3. 教学过程中，如有学生参与的市场调查课程实习任务或学生参与市场调查实践的案例，作为教学任务布置给学生，带着任务学习效果会更好

脉络框架

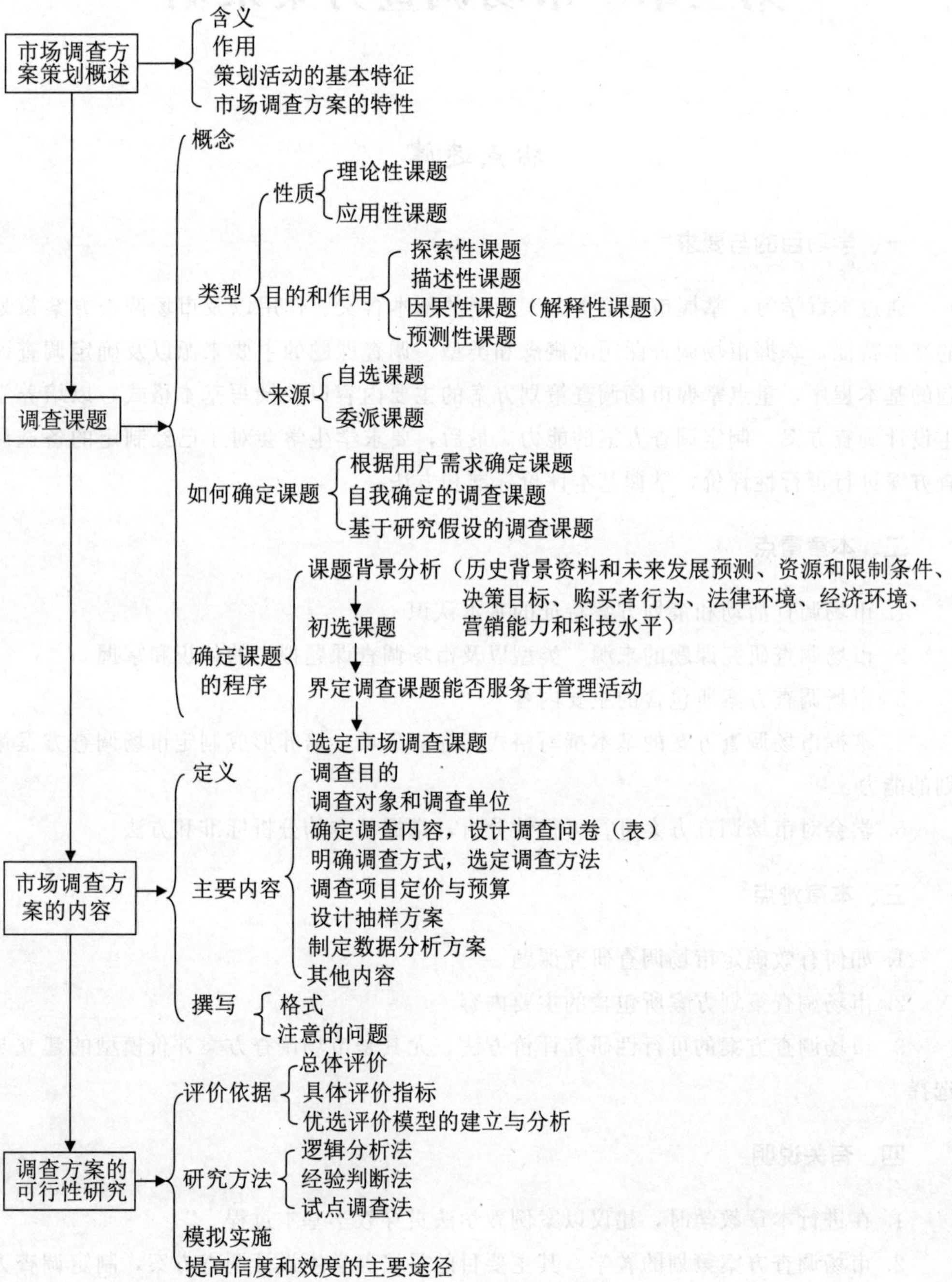

习题练兵

一、名词解释

1. 策划	2. 市场调查方案	3. 调查课题	4. 逻辑分析法
5. 试点调查法	6. 经验判断	7. 课题的价值	8. 课题的创造性
9. 调查方式	10. 调查方法	11. 调查信度	12. 调查效度

二、填空题

1. 为了准确确认市场调查课题，必须与____________________进行交流。

2. 确定市场调查课题常犯两种错误，其一是市场调查课题过于__________，其二是市场调查课题过于______________。

3. 在用户市场信息需求分析的基础上，市场调查的下一步就是确定__________。

4. 为了选取一个最优的市场调查方案，需要进行必要的________________研究。

5. 当课题变数较多，往往采用小样本的______________调查。

6. 政府机构、学术团体等非营利组织提出的市场调查课题一般是____________型课题，企业等赢利机构提出的市场调查课题一般是____________型课题。

7. 确定调查目的是调查方案中必须首先解决的问题，只有确定了调查目的，才能确定调查的范围、____和____。

8. 调查单位是指调查对象中所要调查的具体单位，即我们在调查中要进行调查研究的一个个具体的______。

9. 对调查经费和时间策划者都要做到________________，以应对可能发生的意外事件。

10. ________________是对市场调查课题进行概念化和操作化的结果，也是调查问卷或调查表设计的依据。

三、单项选择题

1. 市场调查方案策划属于市场调查的哪个阶段（　　）。

   A. 准备阶段　　B. 实施阶段　　C. 总结阶段　　D. 反馈阶段

2. 为了探明市场变量之间的因果关系而确定的调查课题称为（　　）。

   A. 探索性课题　　B. 描述性课题　　C. 解释性课题　　D. 预测性课题

3. 按调查课题的性质可分为（　　）。

   A. 自选课题和委派课题

   B. 理论性调查课题和应用性调查课题

   C. 探索性调查课题和描述性调查课题

   D. 解释性调查课题和预测性调查课题

4. 对市场调查方案的编写格式一般应包括几个部分的内容，但下述哪项内容不是必要内容（　　）。

A. 调查问卷　　　　　　B. 调查的目的和意义

C. 调查的方式和方法　　D. 调查的内容和范围

5. 采用什么市场调查方法主要在于调查课题的（　　）。

A. 价值　B. 规模大小　C. 性质　D. 用途

6. 调查对象是指依据调查的任务和目的，确定本次调查的范围及需要调查的那些现象的（　　）。

A. 总体单位　B. 总体　C. 样本　D. 样本单位

7. 数据分析工作一般采用什么来实现（　　）。

A. 手工方式　B. 计算机软件　C. 观察　D. 实验

8. 市场调查方案的可行性研究的方法有很多，常用的有（　　）

A. 客户论证会法和专家评审会法

B. 逻辑分析法、经验判断法和试点调查法

C. 德尔菲法

D. 移动平均法

9. 市场调查方案的模拟实施形式很多，主要有（　　）。

A. 德尔菲法　　　　　　　B. 小组座谈会

C. 客户论证会和专家评审会　D. 移动平均法

10. 调查课题的价值可分为（　　）。

A. 经济价值和社会价值　B. 文化价值和艺术价值

C. 理论价值和应用价值　D. 创新价值和实践价值

四、多项选择题

1. 市场调查课题的来源有（　　）。

A. 调查机构自选　B. 客户或上级委派

C. 二手资料收集　D. 专家提出

2. 用户市场信息需求可分为（　　）。

A. 知识型　B. 消息型

C. 数据、事实与资料型　D. 咨询服务型

3. 市场调查课题初选的方法有（　　）。

A. 与决策者进行交流　B. 采访专业人士

C. 分析二手资料　D. 做定性研究

4. 策划的要素是（　　）。

A. 有效性　B. 目标的明确性　C. 创意性　D. 预见性

5. 按市场调查课题的目的和作用可分为（　　）。

A. 探索性调查课题　　B. 描述性调查课题

C. 解释性调查课题　　D. 预测性调查课题

6. 确定市场调查课题的标准有（　　）。

A. 课题的价值　　B. 课题的创造性

C. 课题的可行性　　D. 课题的合适性

7. 下列课题属于市场调查课题而不是管理决策课题的是（　　）

A. 促销策略制定　　B. 新产品定价

C. 广告效果测评　　D. 顾客满意度评价

8. 市场调查中采用的主要调查方式有（　　）。

A. 普查　B. 重点调查　C. 抽样调查　D. 典型调查

9. 市场调查方案的附件主要包括（　　）。

A. 问卷　B. 技术参数　C. 细节说明　D. 抽样方案

10. 下列哪些指标是市场调查方案可行性评价的正向指标（　　）

A. 调查难度　B. 调查费用和时间　C. 调查效度　D. 调查信度

五、简答题

1. 调查机构自我选择市场调查课题的原则是什么？
2. 建立市场调查课题研究假设的方法主要有哪些？
3. 简述确定调查课题的程序。
4. 简述管理决策课题和市场调查课题的区别和联系。
5. 简述市场调查方案策划的特性。
6. 确定市场调查目的一般应遵循哪些原则？
7. 简述在确定调查对象和调查单位时，应该注意的问题。
8. 简述市场调查方案的作用。
9. 简述市场调查方案的主要内容。
10. 撰写市场调查方案应注意哪些问题？
11. 怎样对市场调查方案进行可行性评价？

六、分析设计题

1. 自拟一个市场调查课题，一个社会调查课题，简要说明拟定课题的原因，并说明所拟课题的价值性、创造性、可行性。

2. 为1题所拟的市场调查课题和社会调查课题分别设计调查方案。

参考答案

一、名词解释

1. 策划是为了解决现存的问题，为实现特定的目标，提出思路、实施方案与具体措施，达到预期效果，运用脑力而进行的理性行为。

2. 市场调查方案是执行市场调查活动全过程的一套整体框架，它应详细地描述出该调查获取信息和分析信息所必须遵循的程序，这一程序是顺利和高效地完成调查课题的前提和保证。它具有可操作性、全面性、最优性和规划性等特点。

3. 调查课题是一项调查研究所要解决的具体问题的概括，一般应包括主要问题和主要问题下的分支问题，具有层次性。

4. 逻辑分析法是指从逻辑的层面对调查方案进行把关，考察其是否符合逻辑和情理。通过逻辑分析，市场调查组织者和调查者可以验证调查方案的设计是否符合一般性的逻辑和情理。

5. 试点调查法是通过在小范围内选择部分单位进行试点调查，对调查方案进行实地检验，以说明调查方案的可行性的方法。

6. 经验判断是指通过组织一些具有丰富市场调查经验的人士，对设计出来的市场调查方案进行初步研究和判断，以说明调查方案的合理性和可行性。

7. 课题的价值是指调查课题所具有的用途或用处。我们要开展一项调查课题，首先必须考虑这项课题有无意义或价值，或者说，首先必须考虑这项课题是否值得去做。

8. 课题的创造性是指调查课题具有某种新的东西，具有某种与众不同的地方，具有开拓性和自己独特的特点。

9. 调查信度指调查过程、数据、结果的可信、可靠程度。

10. 调查效度是对调查课题、结果、数据的作用、价值、效果的度量。

二、填空题

1. 决策者
2. 宽泛/大　　狭窄/小
3. 调查课题
4. 可行性
5. 探索性
6. 理论　　应用
7. 内容　　方法
8. 个体
9. 留有余地

10. 调查内容

三、单项选择题

1. A　2. C　3. B　4. A　5. C　6. B　7. B　8. B　9. C　10. A

四、多项选择题

1. AB　2. ABCD　3. ABCD　4. BCD　5. ABCD
6. ABC　7. CD　8. ABCD　9. ABC　10. CD

五、简答题

1 题答：

（1）课题的价值

（2）课题的创造性

（3）课题的可行性

2 题答：

建立调查课题研究假设的方法主要有：一是根据已有的理论和实践经验或研究论证演绎产生；二是通过对市场现象之间联系的观察和分析形成。

3 题答：

确定调查课题程序的第一步是课题背景分析；包括历史背景资料和未来发展预测、资源和限制条件、决策目标、购买者行为、法律环境、经济环境、营销能力和科技水平。第二步是做好与课题有关的相关工作；包括与决策者交流、采访专家、分析二手资料和定性研究。第三步是区分管理决策课题与市场调查课题。第四步是确定市场调查课题。

4 题答：

管理决策课题主要与决策者要做什么有关，而市场调查课题主要与需要什么信息，以及如何以最佳方式获取这些信息有关。管理决策课题是以行为为导向的，它与决策人可能采取的行动有关，比如应如何遏止市场份额的损失？应以何种方式细分市场？是否应推出新产品？是否应当增加促销预算？市场调查课题是以信息为导向的，它的主要内容是确定需要什么信息，以及如何有效地获取信息。例如，设想一个特定产品正在失去市场份额，决策者面临的决策课题是怎样弥补这一损失。

5 题答：

（1）可操作性，从人员、时间、经费、技术等角度考虑要能够实际做到。

（2）全面性，市场调查中涉及的各种问题都应全面、详细、周到地考虑。

（3）最优性，确定的方案应该在各方面都是最好的方案。

（4）规划性，对人员、时间、进程、经费等讲求科学、系统的规划设计。

6 题答：

确定调查目的一般应遵循原则有：一是根据党和政府的路线、方针、政策以及市场经济发展的需要，抓住实际工作中最主要和迫切需要解决的热点问题；二是根据加强企业管理，提高企业经营决策科学性的需要；三是从统计工作整体出发，立足于国民经济核算的需要；四是从调查对象的实际情况出发，把需要和可能结合起来。

7 题答：

在确定调查对象和调查单位时，要注意的问题有：(1) 由于市场现象的复杂多变性，决定了调查对象也具有复杂的多变的特点。所以，在确定调查对象时，必须用科学的理论为指导，严格规定调查对象的含义，并正确区分出它与其他现象的界限，以避免因界限不清而发生的差错。(2) 调查单位的确定是随调查目的和调查对象的变化而发生变化的。(3) 采用的调查方式不同，会产生不同的调查单位。如果采用普查方式，调查总体内所包括的全部单位都是调查单位；如果采用抽样调查方式，只有用各种抽样方法抽取出的样本单位才是调查单位；如果采用重点调查或典型调查方式，则只有那些被选定的重点单位或具有代表性的单位才是调查单位。

8 题答：

市场调查方案作为调查活动的必备性文案，主要有三个方面的作用：一是用来提供给客户即调查委托方审议检查之用，以作为双方的执行协议；二是用来作为调查者实施执行调查的纲领和依据，即调查全过程的工作指南；三是用来作为争取调查项目经费，或与其他调查机构竞争某个项目，甚至在投标时说服招标者等的重要材料。

9 题答：

市场调查方案的主要内容包括调查目的的确定、调查对象和调查单位的确定、调查内容转化为调查表、调查方式和方法、项目定价与预算、数据分析方案、调查时间、安排调查进度、确定提交报告的方式、调查人员的选择、培训和组织等。

10 题答：

一是一份完整的市场调查方案，调查内容均应涉及，不能有遗漏。否则就是不完整的。只有内容全面完整的调查方案，才能为调查提供全方位的指导，才能保证按统一内容、统一方法、统一步骤来开展调查工作，以便顺利地完成调查任务；二是调查方案的制订必须建立在对调查课题背景的深刻认识上。只有清楚地认识了调查课题的背景，才能为调查指明方向，才能帮助我们抓住问题的关键，正确地确定调查目的和内容；三是调查方案要尽量做到科学性与经济性的结合；四是调查方案的格式方面可以灵活，不一定要采用固定格式；五是调查方案的书面报告是非常重要的一项工作。一般来说，调查方案的起草与撰写应由课题的负责人来完成。

11 题答：

市场调查方案的总体评价可以从不同角度来衡量。但是，一般情况下，对调查方案进行评价应包括四个方面的内容，即：调查方案是否体现调查目的和要求；调查方案是否具有可操作性；调查方案是否科学和完整；调查方案是否调查质量高、效果好；调查难度适中；调查时间和经费适中。

六、分析设计题

第 1 题参考答案：

市场调查课题拟定可选择：

（1）与自己参与的商业活动相关的课题，如某产品的校园营销、推广活动相关的课题

（2）与自己感兴趣的产品相关的课题，如大学生的吃穿行、业余休闲等消费相关的课题

（3）与社会热点行业相关的课题，如休闲旅游、露营、直播带货、网红流量经济相关的课题

（4）与某企业新产品、新市场相关的课题

市场调查课题示例：锦江中央商务区顾客消费情况调查

拟题原因：锦江区是国务院确定的“商贸繁华区”，区域内的春熙路商圈更是享有“中国第三街”的美誉，是成都市商贸业的名片。近年来，锦江区以打造“现代化国际性生态型精品城区”为目标，加快了对春盐片区的综合改造。目前，“红照壁—盐市口—春熙路—红星路—大慈寺”商业片区有机连接，商圈体量和覆盖范围不断扩大。“红星路—大慈寺”新兴百亿商圈的建成后，一个超大体量的国际化、时尚化、现代化商业中心已然形成，九龙仓 IFS、远洋太古里、铁狮门晶融汇、银石广场等标志性高端产业项目错落呼应。商务区内容纳的消费者客流量有多少？他们来锦江区中央商务区购物有何感受？购物消费情况如何？在此消费的感受及体验如何？还有什么意见和建议？这些问题对于完善街区服务具有很大的应用价值和现实意义，商务区的转型升级也是城市发展中的热点问题，课题的调查对象明确且可接触，调查内容具体，因此具有可行性。

社会调查课题拟定可选择：

（1）与经济、民生相关的课题，如医疗、教育、交通、公共服务、政策等的认知、参与、态度调查

（2）与社会热点话题相关的课题，如围绕某个新闻事件、新事物、热点话题

（3）受政府部门委托的课题

社会调查课题示例：四川省绵阳市××县个体工商户经营状况调查

个体工商户是我国市场主体的重要组成部分，是国民经济的主力军，是基本的经济细胞，在稳就业促增收中起着举足轻重的作用。个体工商户生存发展事关经济繁荣和社会稳定。党中央、国务院高度重视个体经济的发展。习近平总书记在企业家座谈会上强调要“高度重视支持个体工商户发展”，个体工商户是数量最多的市场主体，是群众生活最直接的服务者，当前面临的实际困难也最多。要积极帮助个体工商户解决租金、税费、社保、融资等方面难题，提供更直接更有效的政策帮扶。××县全县

辖区面积 2659.7 平方公里，户籍人口 136.75 万，是“四川省县域经济发展先进县”，××县是全市唯一的“全国乡村振兴百强县”，地区生产总值稳居全省农产品主产区县首位。××县资源禀赋独特，油气储量达千亿立方米，劳动人口 70 余万，拥有丰厚的产业发展基础优势，商业贸易和文化旅游、现代物流“1＋2”现代服务业产业体系初具规模，成功入选“国家县域商业体系建设行动”四川省首批实施名单。××县是成渝地区双城经济圈重要节点和绵阳经济高质量发展重要支撑。截至 2022 年底××县有登记在册个体工商户 39696 户，根据国家市场监管总局办公厅《关于开展个体工商户经营状态摸底调查的通知》，从提升个体工商户数据质量入手，全面开展个体工商户经营状态摸底调查具有非常重要的现实意义。课题的调查对象明确且可接触，调查内容具体，因此具有可行性。

第 2 题参考答案：

德阳市出租车市场需求调查方案

出租车市场需求调查政治性强、影响面宽、持续时间长、业务要求高，为保证出租车市场调查专业、规范、有序进行，特制定本调查方案。

一、调查目的

为了解某市市民对出租车的需求意愿，掌握本市出租车市场的供需状况，促进本市出租车行业健康有序发展，满足广大市民方便出行的需要，为本市出租车市场的投放提供决策性参考依据。

二、调查范围

调查范围为：德阳市中心城区（东至成绵高速、南至岷山一号路和太湖路、西到宝成铁路、北至淮河路和黄河东路）。

三、调查对象

调查对象为：市民（含乘客）、出租车司机、人力三轮以及公交公司、出租车公司。

四、调查方式

1. 出租车公司：对本市的出租车（公交）营运公司进行全面调查。

2. 出租车司机：根据随机抽样样本量选取的公式计算（计算详见附卷），对德阳市的出租车司机开展营运情况的问卷调查。

3. 出租车乘客：根据随机抽样样本量选取的公式计算，按中心城区常住人口规模进行考虑，并参照同类城市的市民问卷调查数量，确定本次市民问卷调查的样本量为 500 人，并注意调查市民的职业结构分布合理（详见样本职业结构分布表）。

4. 公共客运交通工具观察：对于抽取的车站及其他城市道路（站点）观测点位，采取在规定时段内对经过的出租车、公交车、长途车和三轮车等载人运输工具进行全时段全面观察，记录其载人、空载等情况。

五、调查时间及阶段任务

（一）各阶段的时间及任务

1.2022 年 6 月 26 日前，审定方案；

2.2022 年 6 月 30 日前，完成人员组织、培训及各项准备工作；

3.2022 年 7 月至 9 月，分批次进行现场调查；

4.2022 年 10 月 15 日前完成数据处理；

5.2022 年 10 月 31 日前完成调查报告。

（二）调查时段

1. 出租车载客率观察、停靠和候车人数和候车时间观察时段为：全天候 24 小时，每 30 分钟为一个时段进行观察测量并记录。

2. 对市民、出租车司机进行问卷调查受时间段的限制较小，以便于调查、不影响市民午休和夜间休息为基本原则。

3. 对出租车（公交）公司的调查选择在公司的上班时间段进行。

六、调查内容

1. 近三年出租车营运公司的营运收入、支出、利润的情况；

2. 出租车司机的收入、支出、利润的情况；

3. 出租车在不同时间段的实载率；

4. 公交、出租、三轮车等交通工具分流比例情况；中心城区乘公交车、出租车、三轮车的旅客流量；

5. 市民的出行意愿、等待出租车的时间与乘坐出租车相关的情况；

6. 了解本市交通规划、城区规划、市中心城区生产总值、城镇居民可支配收入、市中心城区城镇人口数量（常住人口和流动人口）、城市面积、出租车数量、其他公共交通工具数量等。

七、调查方法

采取调查员面访调查、座谈访谈和现场观察方式进行调查，极其个别属于查漏补缺的调查可以电话调查法为有益补充。

八、调查抽样方式

本次调查选择普查、分层抽样与简单随机抽样相结合的抽样方式。

1. 在规定时段内对经过的出租车、公交车、长途车和三轮车等载人运输工具进行全面观察，记录其载人情况的调查地点采取典型方法抽样，主要抽取车站和城市主要街道（含火车站、公交车站牌、十字路口、小区门口、学校、机关、娱乐场所、广场、菜市场、大型商场、医院、宾馆饭店等）。具体包括：火车站、城北汽车站、长江西路汽车站、洋洋百货、联华超市、沃尔玛、政务中心、文庙广场、钟鼓楼广场、城南市场、天山路市场、东桥市场、市医院、市二医院、德阳一中、德阳外国语学校、德阳五中、西小区、东湖山公园南大门、石刻公园、文庙公园。

2. 对于出租车公司的营运情况问卷调查，采取普查原则，对德阳市的出租车营运公司的收入、支出和盈利等情况进行全面的调查。

3. 对于抽中出租车司机营运情况的问卷调查，对出租车采取定点随机抽样原则抽取，原则上一条主街上的调查对象数量不超过 4 个；一条小街（含社区）上的调查对象数量不超过 2 个。确定调查对象时，要注意兼顾样本特征的要求，即不同营运公司、不同时段的数量分布要求。调查地点采取典型方法抽样，主要包括车站、主要街道（含火车站、公交车站牌、十字路口、小区门口、学校、机关、娱乐场所、广场、菜市场、大型商场、医院、宾馆饭店等）。具体包括：火车站、城北汽车站、长江西路汽车站、洋洋百货、联华超市、沃尔玛、政务中心、文庙广场、钟鼓楼广场、城南市场、天山路市场、东桥市场、市医院、市二医院、德阳一中、德阳外国语学校、德阳五中、西小区、东湖山公园南大门、石刻公园、文庙公园。

4. 对于 500 个市民的问卷调查，采用分层抽样的方式进行样本的抽取，抽取样本时兼顾样本的年龄、职业、行业和生活环境等分布。

九、调查准备阶段

（一）完成调查方案设计、调查问卷优化、调查分析方案设计和汇总程序设计、数学模型建立等工作；

（二）完成调查员培训、调查分组讨论、模拟练习和试点等工作；

（三）完成调查点位设计，并将调查人员落实分配到点位；

（四）完成调查表及问卷的印刷、文具用品、交通工具、经费等有关准备工作。

十、调查组织实施

（一）成立领导小组。为了确保圆满完成任务，成立德阳市出租车市场需求调查领导小组，领导小组设 2 名顾问、2 名组长、2 名副组长，领导小组下设业务部和后勤保障部。

（二）划分片区，设置片区督导和工作小组。将调查范围划分为 5 个片区，每个片区设督导 1 名；共设 21 个工作小组，每个小组由 2 名调查员组成。片区督导员的主要职责是对片区内人员进行组织协调、任务落实、对现场业务进行督促检查和指导、把握进度及质量把关、安全管理、资料审核、交通指挥、后勤保障等。

（二）对车站和城市道路现场进行调查的小组，应按规定时段提前 10 分钟到达调查点位，按规定的时段进行分时段调查。在调查过程中，可用草稿记录本记录各类交通工具载客通过量，注意不要漏掉调查对象。

（三）对出租车营运情况进行问卷调查的小组，应在规定的时间内到设定的调查点位，按设计的调查数量对出租车司机进行调查。在调查过程中，一是注意选择出租车可以停靠的地点，便于停车；二是注意语言表达，争取对方配合；三是注意语言精练，尽可能缩短调查时间；四是注意不要漏项。

（四）对基本统计资料收集小组，应积极同有关部门联系，获取基本统计资料数据。包括城市交通规划、城市规划、城区面积、市区人口数、地区生产总值、城镇居民可支配收入、其他替代品的数量（包括公交车、三轮车、货车等）、出租车的价格、出租车司机的收入及运营成本、出租车公司的营运收入及成本等。

十一、信息处理及汇总分析

（一）数据处理与汇总

数据录入采用 Epidata 软件录入，原则上由片区组长（督导）审核验收签字后，方可提交问卷。问卷由业务部终审后，组织人员统一录入，统一汇总。

（二）数据分析的主体构架

1. 依据德阳城市交通规划、城市规划、城区面积、市区人口数、地区生产总值、城镇居民可支配收入、其他替代品的数量（包括公交车、三轮车、货车等）、出租车的价格、出租车司机的收入及运营成本、出租车公司的营运收入及成本等一些主要指标，应用多元回归等数学模型来分析预测目前德阳市出租汽车的需求量，作为撰写调查报告的重要依据之一。

2. 通过市民出行乘车意向、乘客乘坐出租车的情况以及市民乘坐出租车等候时间等有关指标来分析预测德阳市出租车的需求量。

3. 通过对客流量分流情况的调查，了解出租车客运量所占的比重，分析预测出租车的需求量。

4. 通过同类地级市人口规模及出租车拥有量之间的比较，分析预测出租车的需求量。

5. 通过对公交公司、出租车公司、出租车司机的营运成本调查，运用 SPSS 软件进行分析处理，运用均衡理论来预测增加一定量出租车后出租车公司和出租车司机的盈亏平衡点以及对收入的影响程度，在其可承受的范围内预测需要增加的出租车数量。

通过以上五个方面的分析，充分听取有关部门专家的意见，科学地提出德阳市出租车增加量的区间范围，供市政府决策参考。

（三）撰写调查报告

根据以上分析、数据和情况，由业务部撰写调查报告，力争做到资料面广翔实、论证充分有力、结论科学可信，文、图、数、表生动并茂。

十二、需要注意的问题

（一）调查流程

1. 调查小组和调查员要按照事先布局的调查点位、在规定的调查时间段到达点位，做好调查前的有关准备（包括选择观察位及调查表等资料的准备）。

2. 在调查中，调查员要注意技巧性地开展调查，快速而高效地取得调查信息。其一，要注意赢得被访对象的积极支持、配合；其二，调查员要反应敏捷，要尽量取得客观、真实、可信的信息资料；其三，要注意访员和被访对象的安全，在便于实施调查的地方开展调查工作。各调查点位的观测时间及观察情况要记载准确清楚。

3. 一个点位的调查结束后，调查员要及时在当地整理调查表，完善调查表的相关信息，不带问题离开调查点位。如有需要，当场增补适当的观测时段，予以补充。

4. 进行问卷调查时，由被访对象经其主观理解、独立回答，调查员不得干扰、引导调查对象的回答。调查结束后及时礼貌致谢。

5. 调查员按规定填写调查表，当天进行调查书面小结，遇到问题及时向督导员汇报，便于协调总体调查标准与进度。

（二）质量控制

一是调查人员要充分理解指标的含义，确保调查的每一个指标所得到的数据客观、公正、准确、无误，并在调查结束后，由调查人员全面审核无误后上报片区组长；二是片区组长（兼督导）对调查人员上报的调查表进行全面审核，发现问题及时更正，无误后签字上报业务部；三是业务部组织力量对各片区上报的调查资料进行终审，确认无误后方可进行汇总；四是汇总出来的资料应由业务部进行评估，确认符合总体趋势后方可依此撰写分析报告。

第四章　市场调查问卷设计

指点迷津

一、学习目的和要求

问卷设计是市场调查方案设计过程中很重要的一环。而问卷则是各种市场调查方法在收集资料时广泛使用的一种工具。通过本章的学习，不仅要了解问卷设计的基本理论与基本方法，而且还要学会设计问卷，并利用问卷设计技术与技巧解决实际问题。

二、本章重点

1. 问卷的主要类型：自填式问卷和访问式问卷；结构式问卷（根据答案形式又分为封闭式、开放式和半封闭式问卷三种）和无结构式问卷

2. 问卷的基本结构：问卷的标题、问卷说明词、问题与答案、填写要求、编码和必要的说明等六部分。也可将其简化为前言、主体和结语三个组成部分

3. 问卷设计的原则：目的原则、接受原则、简明原则、匹配原则、排序原则

4. 问题的主要类型：开放型问题（具体表达形式主要有填空式、自由回答式、词语联想式、文章完成式、图画完成式和角色扮演式等）和封闭型问题（具体表达形式主要有二项选择式、多项选择式、排序式、过滤式、矩阵式、表格式、配对比较式及量表等）

5. 问题答案的设计原则：穷尽性原则、互斥性原则及适当原则

6. 问卷设计中应注意的问题：避免使用不确切的词和含糊不清的问句，避免假设性提问，避免诱导性和倾向性提问，避免否定形式提问，避免提断定性问题，避免直接提出敏感性问题，避免问题与答案不一致，问句要考虑时间性

7. 问卷的评估：问卷的效度评估（包括内容效度、准则关联效度及结构效度）和信度评估

三、本章难点

1. 问题的主要类型：开放型问题和封闭型问题的各种具体表达形式及其设计技术

2. 问题答案的设计原则：穷尽性原则和互斥性原则的含义及应用

3. 问卷设计中应注意的问题：避免各种不恰当措辞及提问方式的技巧

脉络框架

一、问卷的基本理论问题

- 问卷的基本理论问题
  - 问卷的含义与作用
    - 含义
    - 作用
  - 问卷的主要类型
    - 按是否由被调查者自行填写
      - 自填式问卷
      - 访问式问卷
    - 按问卷的设计是否有固定的结构
      - 结构式问卷
        - 封闭式问卷
        - 开放式问卷
        - 半封闭式问卷
      - 无结构式问卷
  - 问卷的基本结构（包括标题、说明词、问题与答案、填写要求、编码、必要的注明等六大部分）
  - 问卷结构示例
  - 问卷设计的原则
    - 目的原则
    - 接受原则
    - 简明原则
    - 匹配原则
    - 排序原则
  - 问卷设计的步骤
    - 准备阶段
    - 初步设计阶段
    - 试答和修改阶段
    - 付印阶段

二、问卷设计流程图

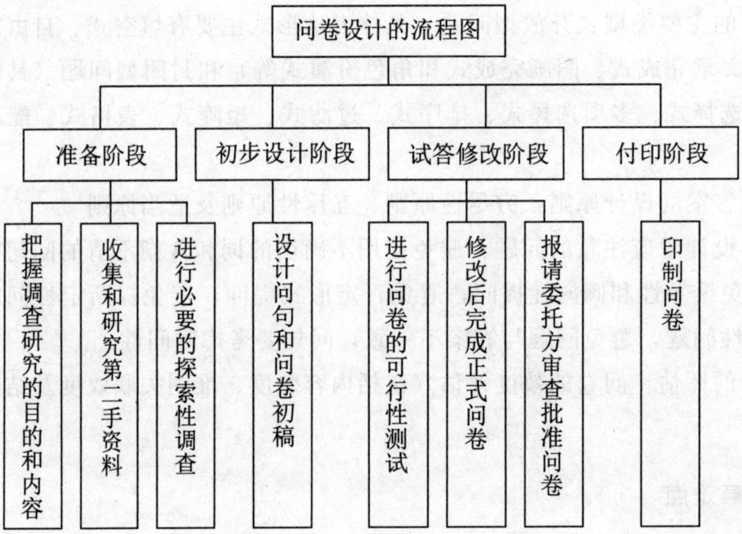

三、问卷设计技术

- 问卷设计技术
  - 问题的主要类型
    - 开放型问题
      - 概念与类型
        - 填空题
        - 自由回答题
      - 提问方法技术
        - 自由回答式
        - 词语联想式
        - 文章完成式
        - 图画完成式
        - 角色扮演式
    - 封闭型问题
      - 概念
      - 类型
        - 二项选择式
        - 多项选择式
        - 排序式
        - 过滤式
        - 矩阵式（双向列联式）
        - 表格式
        - 配对比较式
        - 量表
  - 问题答案设计原则
    - 穷尽性原则
    - 互斥性原则
    - 适当性原则
  - 问题顺序的编排技术
  - 问卷设计中应注意的问题
  - 问卷的评估

习题练兵

一、名词解释

1. 问卷　2. 自填问卷　3. 访问问卷　4. 结构式问卷
5. 封闭式问卷　6. 开放式问卷　7. 无结构式问卷　8. 开放型问题
9. 封闭型问题　10. 二项选择式　11. 多项选择式　12. 排序式
13. 过滤式　14. 矩阵式　15. 配对比较式　16. 量表
17. 信度　18. 效度

二、填空题

1. 问卷又称__________，是市场调查中用来收集资料的一种工具，是指一系列事先精心设计的、系统的、严密的、需要调查对象书面或口头回答的问题表格。

2. 根据是否由被调查者自行填写问卷，将问卷划分为__________和__________。

3. 结构式问卷根据答案形式又分为________、________和________问卷三种。

4. 半封闭式问卷是指________与________相结合的问卷。

5. 一份问卷通常从结构上一般可细分为问卷的______、问卷说明词、________、

___________、编码和必要的说明等六部分。

6. 问卷说明词又称为前言，它是对调查的________、意义及有关事项的说明。

7. ____________又称为问卷的主体，是调查问卷中最重要的部分。

8. ________也是主体中的一个组成部分。它是将问卷中的调查项目以代码的形式表示出来。

9. 问卷设计是一项理论性、_________和_________很强的工作，这项工作的好坏直接关系到调查结果质量的高低和整个调查工作的成败。

10. 简明原则具体可体现在以下几个方面：整体设计要简明、________要简明、________要简明。

11. 匹配原则表现为_________之间、____________之间相互校验对应的关系。

12. 问卷设计的步骤包括：____________、初步设计阶段、________________________、付印阶段。

13. ___________又称为填表说明，它的作用是对填表的要求、方法、注意事项等的总的说明。

14. 问卷的问题一般可归纳为两大类，即____________和____________。

15. 开放型问题的形式包括填空式和____________。

16. 封闭型问题的表达形式常见的有____________、多项选择式、____________、过滤式、矩阵式、表格法、配对比较式及量表等。

17. 自由回答式是由调查人员提出问题，不提供___________，由被调查者自由地表述作出回答。

18. 问卷中问题答案的设计必须遵守___________、___________和___________原则。

19. 问卷中问题的安排从难易角度来看，一般要将________问题放在前面，________问题放在稍后。

20. 问卷问题设计时应注意避免_________和倾向性提问。

三、单项选择题

1. 问卷按结构可分为（　　）。

A. 结构式问卷和无结构式问卷　　B. 封闭式问卷和半封闭式问卷

C. 自填问卷和访问问卷　　D. 封闭式问卷和开放式问卷

2. 问卷按是否由被调查者自行填写可分为（　　）。

A. 结构式问卷和无结构式问卷　　B. 封闭式问卷和半封闭式问卷

C. 自填问卷和访问问卷　　D. 封闭式问卷和开放式问卷

3. 问卷主体是调查问卷中最重要的部分，是指问卷中的（　　）部分。

A. 问卷标题　　B. 问卷说明词　　C. 问题与答案　　D. 必要的说明

4. 问卷的标题是对调查主题的高度概括，即调查表的总标题，一般位于问卷表的

（　　）。

A. 上端靠左　　B. 上端靠右　　C. 下端居中　　D. 上端居中

5. 问卷中有一部分的作用是对填表的要求、方法、注意事项等的总的说明，这部分是（　　）。

A. 问卷标题　　B. 问卷说明词　　C. 问题与答案　　D. 填写要求

6. 问卷实现计算机数据处理的中介和桥梁是做好（　　）。

A. 问卷标题　　B. 问卷说明词　　C. 填写要求　　D. 问卷编码

7. 开放型问题最为常用的形式是（　　）。

A. 二项选择式　　B. 多项选择式　　C. 填空式　　D. 自由回答式

8. 封闭型问题中最简单的一种是（　　）。

A. 二项选择式　　B. 多项选择式　　C. 排序式　　D. 过滤式

9. 问卷设计步骤中（　　）是问卷设计的核心工作。

A. 准备阶段　　B. 初步设计阶段　　C. 试答和修改阶段　　D. 付印阶段

10. （　　）也称假设性提问，是指对有些要提的问题，先作出某种否定假设，以此为前提让被调查者作出单项或多项的选择。

A. 否定式提问　　B. 肯定式提问　　C. 直接提问　　D. 间接提问

四、多项选择题

1. 结构式问卷根据答案形式又分为（　　）三种。

A. 封闭式问卷　　B. 开放式问卷　　C. 半封闭式问卷

D. 自填问卷　　E. 访问问卷

2. 问卷说明的表达方式主要有（　　）。

A. 开门见山式　　B. 开放式　　C. 封闭式

D. 宣传与引导并重式　　E. 宣传与说明并重式

3. 问卷按是否由被调查者自行填写可分为（　　）。

A. 封闭式问卷　　B. 开放式问卷　　C. 半封闭式问卷

D. 自填问卷　　E. 访问问卷

4. 根据问卷的设计是否有固定的结构，可分为（　　）。

A. 结构式问卷　　B. 开放式问卷　　C. 无结构式问卷

D. 封闭式问卷　　E. 半封闭式问卷

5. 封闭式问卷的优点包括（　　）。

A. 答案标准化　　B. 可事先编码　　C. 问题较清楚

D. 答题简单　　E. 对被调查者要求不高

6. 开放式问卷的优点包括（　　）。

A. 充分性　　B. 适用性　　C. 检验性

D. 穷尽性　　E. 互斥性

7. 半封闭式问卷是指（　　）相结合的问卷。

A. 自填式　B. 结构式　C. 无结构式

D. 封闭式　E. 开放式

8. 问卷的基本结构可划分为（　　）三个组成部分。

A. 前言　B. 说明词　C. 主体

D. 编码　E. 结语

9. 问卷中问题与答案涉及的内容主要包括（　　）。

A. 行为调查　B. 过程调查　C. 行为后果调查

D. 主观评价调查　E. 基本情况调查

10. 问卷设计应遵循的原则有（　　）。

A. 简明原则　B. 接受原则　C. 排序原则

D. 匹配原则　E. 目的原则

11. 问卷设计的步骤有（　　）。

A. 准备阶段　B. 初步设计阶段　C. 试答和修改阶段

D. 付印阶段　E. 实施阶段

12. 问题的主要类型通常可分为（　　）。

A. 开放型问题　B. 填空题　C. 封闭型问题

D. 自由回答题　E. 多项选择题

13. 开放型问题的形式有（　　）。

A. 开放型问题　B. 填空题　C. 封闭型问题

D. 自由回答题　E. 半封闭型问题

14. 开放型问题的设计方式与技术有（　　）。

A. 自由回答式　B. 词语联想式　C. 角色扮演式

D. 文章完成式　E. 图画完成式

15. 封闭型问题的表达形式常见的有（　　）。

A. 二项选择式　B. 多项选择式　C. 排序式

D. 过滤式　E. 矩阵式

16. 为了保证问题设计的质量，在设计问题时必须遵守（　　）两个原则。

A. 目的性　B. 穷尽性　C. 具体性

D. 互补性　E. 互斥性

17. 对于敏感性问题的设计可以采用（　　）方法。

A. 假定法　B. 访问法　C. 释疑法

D. 问卷法　E. 转移法

18. 问卷设计中需要注意的问题有（　　）。

A. 问题的措辞　B. 问题的答案　C. 问题的多少

D. 问题的顺序　E. 问题的内容

五、简述题

1. 问卷有哪些作用？
2. 简述问卷的主要类型。
3. 简述问卷的基本结构。
4. 简述问卷设计的基本原则。
5. 简述封闭式问卷的优缺点。
6. 简述开放式问卷的优缺点。
7. 简述问题的措辞应注意哪些问题。
8. 简述问卷中常见的量表。
9. 问题答案的设计原则有哪些？
10. 简述问题顺序的编排应注意哪些方面？
11. 简述问卷信度评估的主要方法。

参考答案

一、名词解释（略）

二、填空题

1. 调查表
2. 自填问卷、访问问卷
3. 封闭式、开放式、半封闭式
4. 封闭式、开放式
5. 标题、问题与答案、填写要求
6. 目的
7. 问题与答案
8. 编码
9. 技术性、实践性
10. 问卷、问句
11. 目的与结果、数据与结论
12. 准备阶段、试答和修改阶段
13. 填写要求
14. 开放型问题、封闭型问题
15. 自由回答式
16. 二项选择式、排序式

17. 备选答案

18. 穷尽性、互斥性、适当性

19. 较容易回答的、较难回答的

20. 诱导性

三、单项选择题

1. A　2. C　3. C　4. D　5. D　6. D　7. D　8. A　9. B　10. A

四、多项选择题

1. ABC	2. ADE	3. DE	4. AC	5. ABCDE	6. ABC
7. DE	8. ACE	9. ACD	10. ABCDE	11. ABCD	12. AC
13. BD	14. ABCDE	15. ABCDE	16. BE	17. ACE	18. ABCDE

五、简述题

1 题答：问卷的作用包括：易于被调查者理解和接受；便于调查者操作与实施；适用各种市场调查的范围和对象；利于对资料的汇总和分析；提高市场调查工作的总体效率。

2 题答：对问卷可以从不同的角度进行种类的划分。一般地，问卷根据是否由被调查者自行填写问卷，将问卷划分为自填问卷和访问问卷；根据问卷的设计是否有固定的结构，可将问卷划分为结构式问卷和无结构式问卷。

3 题答：一份问卷通常从结构上一般可细分为问卷的标题、问卷说明词、问题与答案、填写要求、编码和必要的说明等六部分。也可将其简化为前言、主体和结语三个组成部分。

4 题答：目的原则是问卷设计的最重要原则，也是问卷设计首先要遵守的原则；接受原则是设计问卷必须的原则，也是获得被调查者支持的关键；简明也是保证问卷质量的关键，如果不能很好地遵循简明原则，就会事倍功半，最终使得调查工作的质量受到影响。简明原则具体可体现在：a. 整体设计要简明 b. 问卷要简明 c. 问句要简明；匹配原则也是问卷设计中一个十分重要的原则，它在进行资料整理和统计分析的时候也是十分重要的；排序原则要求问卷设计时，有关问句的排列要依照一定的顺序来安排。

5 题答：封闭式问卷的优点是：答案标准化，便于汇总与整理；可事先编码，便于信息处理；问题较清楚，便于被调查者对问题的分析、推测和理解；答题简单，费时较少，有助于提高问卷的回复率；对被调查者的文化程度要求不高。

封闭式问卷的缺点是：被调查者只能在备选答案中作出选择，适用性和准确性有时会受到限制；被调查者对不明确、不熟悉或者不易表达的问题，可能采取猜答甚至随便乱答的方式处理；调查者对问卷中问题的回答结果不易把握，也不易于进行正确性和科学性的检验；被调查者在回答问题的时候，容易发生笔误。

6 题答：开放式问卷的优点：充分性。被调查者可以就所问的问题充分发表自己的看法；适用性。适用于不易确定答案或答案过多的问题；检验性。调查者可从被调查者的回答中发现是否理解了所提的问题，有没有误解的问题等，从而有利于检验对所提问题的回答是否存在着偏差。

开放式问卷的缺点：不易进行统计汇总；容易形成调查偏度；填答比较费时、费力；对被调查者的表达水平要求较高。

7 题答：在问题的措辞上要注意以下问题：避免使用不确切的词和含糊不清的问句；避免诱导性和倾向性提问；避免否定形式提问；避免提断定性问题；避免直接提出敏感性问题；避免问题与答案不一致。

8 题答：问卷中常见的量表有李克特量表、语义差别量表、斯塔普尔量表、项目间比较量表等。

9 题答：为了保持问题设计的质量，从而保证问卷的质量，在设计问题时必须遵守穷尽性原则和互斥性原则。穷尽性原则是指每个问题中所列出的备选答案应包括所有可能的回答。这是为了使所有被调查者都能在给定的备选答案中至少选择出一项适合自己回答的答案，不至于因所列出的答案中没有合适的答案可选而放弃回答；互斥性原则是指每个问题中所有备选答案必须互不相容、互不重叠。互斥性是为了避免被调查者在选择时出现双重选择的现象。适当性原则，指问题备选答案数量设计不能太多，要适当。

10 题答：问卷中问题的顺序一般可按下列规则排列：问题的安排应有逻辑性；问题的安排应先易后难；把能引起被调查者兴趣的问题放在前面；开放型问题放在最后。

11 题答：信度评估的主要方法包括：α 系数信度评估法、折半信度系数法及重测信度评估法。

案例精粹

案例 1

某啤酒企业根据该企业产品的市场占有情况和目前市场对啤酒的需求情况，考虑改进啤酒包装。计划推出 250ml 的小瓶一组 4－6 瓶的包装。在正式决策之前，企业需了解新包装是否有足够的市场？目标市场是什么？一般在什么时候饮用？顾客希望在哪类商店买到？为此，需要进行一次市场问卷调查。本次调查的具体研究目的可概括为：

1. 测量消费者对小瓶组新包装啤酒接受的可能性；
2. 辨别小瓶组新包装啤酒的潜在的购买者和使用者；
3. 辨别新包装啤酒的使用场合；
4. 判断顾客希望在什么地方的商店买到这种新包装的啤酒；

5. 判断潜在的市场大小。

调查问卷初稿

亲爱的女士、先生：

您好！

我是××公司市场调研员。我们厂正在进行××牌啤酒新包装的市场调查，可以占用您几分钟时间问您几个问题吗？您所提供的信息对我们这次调查的结果相当重要。

1. 您已经18岁了吗？(视情况发问)

是（ ）　　否（ ）

2. 您喝酒吗？

是（ ）　　否（ ）

3. 您喝什么类型的酒？

白酒（ ）　葡萄酒（ ）　香槟酒（ ）　啤酒（ ）（到问题5）

其他（ ）

4. 您喝啤酒吗？

是（ ）　　否（ ）（询问结束）

5. 您认为啤酒适合在正规场合还是在非正规场合喝？

正规场合（ ）　非正规场合（ ）　两者都行（ ）

6. 您多长时间喝一次啤酒？

天天喝（ ）　一星期一次（ ）　半个月一次（ ）

一个月一次（ ）　一年几次（ ）

7. 您通常在何种场合喝啤酒？

日常进餐时（ ）　来客人时（ ）　周末假日时（ ）　聚会时（ ）

8. 您知道酒类用多个小瓶组合包装出售吗？

是（ ）　　否（ ）

9. 您认为将250ml的啤酒六个一组包装在一起销售这种方法如何？

好主意（ ）　不好（ ）　无所谓（ ）

10. 为什么？

____

11. 您喝过××牌啤酒吗？

是（ ）　　否（ ）

12. 如果价格不比单瓶包装增加的话，您愿意购买这种包装的啤酒吗？

愿意（ ）（到第14题）　可能（ ）　不愿意（ ）　不知道（ ）

13. 您会在哪些场合使用这种小瓶包装的啤酒？

正常进餐时（ ）　特别节日时（ ）　小型聚会时（ ）　周末（ ）

大型聚会时（ ） 野餐时（ ） 休息放松时（ ） 体育运动后（ ）
其他（ ）

14. 您希望在哪类商店买到这种包装的啤酒？
食品商店（ ） 专门商店（ ） 百货公司（ ） 连锁超市（ ）
其他（ ）

15. 您觉得这种包装的啤酒应该与哪些酒类摆在一起？
白酒（ ） 香槟酒（ ） 葡萄酒（ ）
其他啤酒（ ） 饮料（ ） 其他（ ）

谢谢您的合作！

（资料摘自《市场调查》陈启杰，高等教育出版社/上海社会科学院出版社，2001年7月，有改动）

试根据啤酒企业本次调查的具体研究目的和上述调查问卷初稿分析以下问题：

1. 该问卷初稿和问卷中问题的设计能否实现研究目标？
2. 对于问卷中的内容，有哪些需要进行修改？如何修改？
3. 可否再设计出其他问题，以便更好地实现调查目标？
4. 在回答以上问题的基础上，形成一个您认为更加满意的调查问卷。

案例1参考解答

该问卷初稿和问卷中问题的设计基本能实现研究目标。但是对于辨别小瓶组新包装啤酒的潜在的购买者和使用者、判断潜在的市场大小等目标还未能实现。问卷中的内容有的需要修改，并增设一些其他问题，重新进行问题的排序，以便更好地实现调查目标。更加满意的调查问卷如下。

亲爱的女士、先生：

您好！

我是××公司市场调研员。我们厂正在进行××牌啤酒新包装的市场调查，可以占用您几分钟时间问您几个问题吗？您所提供的信息对我们这次调查的结果相当重要。

××公司
××年×月×日

1. 您18岁了吗？（视情况发问）
是（ ） 否（ ）（询问结束）

2. 您喝啤酒吗？
是（ ） 否（ ）（询问结束）

3. 您认为啤酒适合在正规场合喝还是在非正规场合喝？
正规场合（ ） 非正规场合（ ） 两者都行（ ） 不清楚（ ）

4. 您通常在何种场合喝啤酒？

在家日常进餐时（ ） 家里来客人时（ ） 身体劳累时（ ）
心情不好时（ ） 周末假日时（ ） 朋友/同志聚会时（ ）
工作需要时（ ） 其他（ ）

5. 您多长时间喝一次啤酒？
天天喝（ ） 隔天喝（ ） 每星期一次（ ） 半个月一次（ ）
一个月一次（ ） 一年几次（ ）

6. 您喝过××牌啤酒吗？
是（ ） 否（ ）（询问结束）

7. 您喝××牌啤酒通常在哪里购买？
小零售商店（ ） 专门商店（ ） 批发公司（ ） 连锁超市（ ）
其他（ ）

8. 您见到过或听说过多个小瓶组合包装出售的啤酒吗？
知道（ ） 不知道（ ）（跳答10）

9. 你见到过或听说过的小瓶组合包装啤酒为多少瓶？
8个及以上（ ） 6个（ ） 5个（ ） 4个（ ） 3个（ ）

10. 您认为将250ml的啤酒6个一组包装在一起销售，这种方法如何？
好主意（ ） 不好（ ） 无所谓（ ） 不清楚（ ）

11. 如果组合包装出售的价格不比单瓶包装高的话，您愿意购买组合包装的啤酒吗？
愿意（ ）（跳答13） 不愿意（ ） 不知道（ ）

12. 您会在哪些场合使用这种小瓶包装的啤酒？
正常进餐时（ ） 特别节日时（ ） 小型聚会时（ ） 周末（ ）
大型聚会时（ ） 野餐时（ ） 休息放松时（ ） 体育运动后（ ）
其他（ ）

13. 您希望在哪类商店买到这种包装的啤酒？
小零售商店（ ） 专门商店（ ） 批发公司（ ） 连锁超市（ ）
其他（ ）

14. 您觉得这种包装的啤酒应该与哪些酒类摆在一起？
白酒（ ） 香槟酒（ ） 葡萄酒（ ） 其他啤酒（ ） 饮料（ ）
其他（ ）

15. 您认为××牌啤酒改为250ml的啤酒六个一组包装在一起销售会增加销售吗？
会（ ）（回答16） 不会（ ）

16. 您认为主要是哪类顾客购买？
餐厅（ ） 酒吧（ ） 家庭（ ） 聚会（ ） 其他（ ）

17. 被调查者：男（ ） 女（ ）

18. 年龄：______岁

19. 教育程度：小学以下（　）　中学（　）　大学（　）　大学以上（　）

20. 职业：工人（　）　军人（　）　学生（　）　干部（　）

教师（　）　营业员（　）　其他（　）

21. 住址：________________________电话：____________

谢谢您的合作!

案例 2

认养一头牛牛奶广告已投播两年，为了了解现行的广告宣传方式效果如何。请您就认养一头牛广告宣传方式拟定一份市场调查问卷。

案例 2 参考解答

认养一头牛广告效果调查问卷

亲爱的女士、先生：

您好!

我是××公司的市场调研员。我们公司正在进行认养一头牛广告效果的市场调查，可以占用您几分钟时间问您几个问题吗？您所提供的信息对我们这次调查的结果相当重要，我们不在乎您的答案与意见如何，只在乎问卷能反映您的看法和心声。这是我们最大的祈求，衷心感谢您的参与。

1. 您的性别：A. 男　B. 女

2. 您的年龄：A. 19 岁以下　B. 19—29 岁　C. 30—40 岁

D. 41—50 岁　E. 51—60 岁　F. 61 岁以上

3. 您的文化程度：A. 小学及以下　B. 初中　C. 高中（中专）

D. 大专　E. 大本及以上

4. 您的职业：

A. 工人/商业服务人员　B. 农民/农民工

C. 企业领导或管理人员　D. 机关/事业单位干部

E. 一般职员、文员　F. 公检法/军人/武警

G. 专业、文教科技人员　H. 私营/个体劳动者

I. 学生　J. 离退休人员

K. 下岗、失业人员　L. 其他

5. 您知道认养一头牛这个牛奶吗？

A. 知道　B. 不知道（终止访问）

6. 您知道认养一头牛的广告里的广告语吗？

A. 知道（请您复述一下：____________________）

B. 不知道

7. 您觉得认养一头牛的广告口号“奶牛养得好，牛奶才会好。”“买牛奶，不如认

养一头牛。”如何？

A. 好　B. 一般　C. 不好

8. 您一般是通过什么信息渠道了解“认养一头牛”的？

A. 电视广告、宣传　B. 报纸广告、宣传　C. 电台广告、宣传

D. 杂志广告、宣传　E. 商场促销　F. 朋友介绍

G. 其他渠道

9. 您喝过或购买过认养一头牛牛奶吗？

A. 喝过　B. 没喝过（跳答 15）

10. 通常，您饮用“认养一头牛”牛奶的频率是：

A. 每天 1 次以上　B. 每天 1 次　C. 每周 4－6 次

D. 每周 2－3 次　E. 每周 1 次　F. 每月 2－3 次

G. 每月 1 次　H. 不清楚/不知道

11. 您一般购买“认养一头牛”牛奶的渠道有：

A. 商场　B. 超市　C. 网购　D. 朋友圈

E. 副食商店　F. 其他：＿＿＿＿＿＿＿＿

12. 您在购买牛奶时，通常注重的因素有：

A. 质量　B. 价位　C. 口感　D. 包装　E. 品牌

F. 成份　G. 促销活动　H. 其他

13. 和其他牛奶相比，您认为“认养一头牛”：

A. 更有营养，会坚持喝下去

B. 更健康安全，会坚持喝下去

C. 和其他牛奶差不多，会多个牌子掺杂着买

D. 和其他牛奶差不多，哪个牌子划算买哪个

E. 没有其他牛奶好，喝过后不会再喝

D. 说不清楚

14. 您通常喜欢牛奶的哪种促销形式？

A. 降价　B. 买一赠一　C. 赠送小礼品　D. 加量不加价

E. 免费品尝　F. 满减　G. 其他：＿＿＿＿＿＿＿＿

（向受访者播放广播的广告后再提问）

15. 您觉得认养一头牛的广告宣传和其牛奶品质之间的吻合程度：

A. 非常吻合　B. 比较吻合　C. 一般

D. 不太吻合　E. 非常不吻合

16. 看了认养一头牛广告后您愿意购买或复购其牛奶吗？

A. 非常愿意　B. 比较愿意　C. 一般

D. 不太愿意　E. 非常不愿意

17. 看了认养一头牛广告后您愿意向亲朋好友推荐其牛奶吗？

A. 非常愿意　　B. 比较愿意　　C. 一般
D. 不太愿意　　E. 非常不愿意

18. 您对认养一头牛的总体印象如何？

A. 好　B. 较好　C. 一般　D. 不太好　E. 不好

19. 您认为认养一头牛广告应该在哪些方面进行改进？

案例 3

为了更好地进行高校教学改革，为满足社会需要，培养出合格的大学毕业生，××高校拟对在校学生进行跟踪调查。本调查拟实现以下研究目的：

（1）全方位地跟踪在校生在校四年期间以至毕业一年后的成长历程；

（2）系统地掌握在校生在知识、素质、技能等方面的成长状况和发展过程资料；

（3）分析、研究影响大学生成长的各种主客观因素；

（4）指导学生参加调查研究，将跟踪调查的过程作为学生自我认识、自我教育，相互学习、取长补短的过程。

（5）向有关领导和部门提供分析、研究的阶段性成果和最终成果；

（6）根据阶段研究的结果对大学生及时施加正确的引导；

（7）利用跟踪研究的结果，对全校学生的教育和培养提出合理化建议，制定针对性较强的具体措施。

请您根据以上研究目的，利用已经学过的知识，设计出一套完整的问卷调查方案。

案例 3 参考解答

××学院大学生成长历程调查问卷

同学：

您好！

我们正在进行的是有关我校大学生成长历程的调查。目的是了解学生的成长状况，以便学校更好地进行高校教学改革，满足社会的需要，培养出合格的大学生，这次调查将全方位地跟踪您在校四年期间以至毕业一年后的成长历程。这份调查问卷将占用您 10 分钟时间，您的资料将会给我们的研究提供很大的帮助。请表达您真实的想法或看法。衷心地感谢您对本次调查的大力支持！

1. 您的基本情况

姓名：________　性别：□A 男　□B 女　来自________省、自治区、直辖市

所学专业：□A 工科　□B 理科　□C 文科　□D 外语

是否热门专业：□A 是　□B 否

年级：□A 本科　（1 年级）　（2 年级）　（3 年级）　（4 年级）
　　□B 专科　（1 年级）　（2 年级）（3 年级）

户口类别：□A 城镇　□B 农村

2. 请问您是：□A 会计系　□B 计算机系　□C 管理系　□D 信统系
□E 文法系　□F 经贸系　□G 国经院

3. 您对所学专业的态度是：
□A 非常喜欢　□B 喜欢　□C 一般　□D 不喜欢　□E 很不喜欢

4. 您对所开设的课程是：
□A 非常满意　□B 满意　□C 一般　□D 不满意　□E 很不满意

5. 您认为自己现在最需要学习的知识是：
□A 专业知识　□B 政治理论知识　□C 社会知识　□D 学习方法

6. 您认为学校应主要为学生提供哪些除传授知识以外的帮助和服务？
□A 丰富生活、扩大视野的各项活动　□B 锻炼能力、展示才华的各种机会
□C 深入社会、适应需要的各种场合　□D 减少事务、集中学习的家庭服务

7. 您的学习态度主要是：
□A 老师怎么教，我就怎么学　□B 有选择地学习老师和别人的知识
□C 为了应付考试而死记硬背　□D 完全根据自己的需要学习知识

8. 您对读书的喜好程度是：
□A 非常喜欢　□B 喜欢　□C 一般　□D 不喜欢　□E 很不喜欢

9. 您感觉自己的大学生活是：
□A 非常充实　□B 充实　□C 一般　□D 不充实　□E 很不充实

10. 您在课余时间最喜欢的是：
□A 学习　□B 文化体育活动　□C 参加社会实践　□D 什么都不想做

11. 您最喜欢哪种大学生活方式？
□A 埋头读书，报考本科　□B 参与社会，锻炼能力
□C 广交朋友，增进友谊　□D 多挣钱

12. 在大学阶段您主要从事过哪几类实践工作？
□A 家教　□B 社会公益活动　□C 商业活动　□D 业余兼职或见习
□E 其他

13. 您在学校上网的频率是：
□A 每天一次以上　□B 每 3 天 1 次　□C 每周一次　□D 偶尔上
□E 几乎不上

14. 您上网主要是为了：
□A 玩游戏　□B 查资料　□C 看新闻
□D 聊天　□E 看电影　□F 其他

15. 您是否谈过恋爱？
□A 是　□B 否

16. 您认为大学谈恋爱的目的是：

□A 结婚　　□B 学习恋爱技巧　　□C 好玩　　□D 了解异性

□E 其他

17. 您对我校开展的下列教育相对比较好的是：(择三)

□A 马克思主义基本理论教育　　□B 爱国主义教育

□C 集体主义教育　　□D 社会主义教育

□E 形势政策教育　　□F 中华民族优良传统道德教育

□G 艰苦创业的革命传统教育　　□H 法制教育

□I 社会公德和职业道德教育　　□J 心理健康教育

□K 毕业教育和就业指导　　□L 文化素质教育

18. 您对大学生在宿舍内乱喊乱叫、乱扔杂物等行为：

□A 反对，学校应从严管理，从严处理，维护大学生形象

□B 反对，学校应加强教育引导，从轻处理

□C 赞成，这是个人自由

19. 请您对我校的下列方面进行评价：

	校园环境	住宿条件	伙食状况	文体活动	校园治安	校园文化
满意						
比较满意						
不满意						

20. 对您自己专业的评价：

□A 有发展前景　　□B 一般　　□C 无发展前景

21. 在择业中，从专业角度选择职业的态度：

□A 最好是与本专业相关的职业　　□B 与自己专业无关　　□C 无所谓

22. 您有信心在自己的专业上大干一番吗？

□A 有　　□B 没有　　□C 说不清

24. 您认为自己的专业与社会需求的关系：

□A 暂时有矛盾，长远相适应　　□B 正相关，有好的发展

□C 一直相矛盾，需求量少　　□D 与专业没多少关系

25. 毕业后您的打算（择三）

□A 考硕士生、博士生　　□B 出国留学

□C 去国有大中型企业　　□D 去三资企业

□E 从事商贸、金融工作　　□F 从事党政管理工作

□G 从事科研教学工作　　□H 去乡镇集体企业

□I 目前还没想好　　□J 随遇而安　　□K 其他

26. 如果您打算考研（二学位），您的目的是：

□A 有志于学术研究

□B 提高在未来就业竞争中的实力

□C 当前就业难，工作不理想，先上学再说

□D 改变专业，以便今后有更好出路

27. 您目前生活中感觉最苦恼的问题是（可多选）

□A 校内竞争激烈，学习紧张

□B 上学费用高，经济困难

□C 社会变革快，难以适应

□D 办学条件落后，不能满足日益增长的文化生活需要

□E 教学改革滞后，不能满足渴求知识的成才愿望

□F 社会竞争激烈，就业前途未卜

□G 对所学专业感到没有前途，失去兴趣

□H 集体中缺少温暖，同学中没有友谊

□I 陷入个人问题的矛盾中，不能自拔

□J 其他：________________________

29. 您目前选择职业的标准是：

□A 经济收入高　　□B 社会地位高

□C 学习条件好，有利于深造　　□D 工作条件好，能发挥才干

□E 条件艰苦，但大有可为

30. 大学毕业前，最令人苦恼的是：

□A 没有理想的职业供选择　　□B 选择机会不均等

□C 权势干扰毕业分配　　□D 自身的知识能力不适应社会需求

□E 社会对大学生评价太低

31. 以下的职业，如果选择机会均等，您首先选择：

□A 党政机关　　□B 公司或外贸单位　　□C 大学教师

□D 读研究生　　□E 外资或合资单位　　□F 国营企业

□G 集体企业　　□H 中小学教师

33. 您认为周围大多数同学的兴趣在于：

□A 钻研专业知识　　□B 读课外但对自己有用的书籍

□C 关心社会问题　　□D 如何按社会需求设计自己

□E 旅游　　□F 其他

34. 您认为目前的大学生活是：

□A 心情舒畅，充满生气　　□B 心情压抑，前途未卜

□C 刻苦学习为将来工作打基础　　□D 无所事事挨岁月，吃喝玩乐等文凭

35. 您对自己的人生前途的态度是：

□A 很乐观　　□B 命运难测　　□C 过一天是一天

□D 奋力争取明天的幸福　　□E 很悲观

36. 您对目前的学习与生活状况：

□A 很满意　□B 不满意，想改变环境　□C 不满意但无可奈何

□D 无所谓　□E 还凑合

37. 对您及周围学习发生较大影响作用的社会信息传播媒介是：

□A 报刊、电视、电台　□B 文学、艺术　□C 家长与朋友的教诲

□D 学校思想政治工作　□E 反映国内外当前思潮的著作及文章

38. 您认为正在进行的形势与政策教育：

□A 效果很好，收获很大　□B 形式主义，效果不

□C 有没有都行　□D 形势教育应当有，但有改进方法

□E 有报刊、电台足够，不要再搞形势教育

39. 您最希望学校为您提供哪类服务（可另外填写）?

□A 求职技巧培训　□B 职业生涯规划　□C 就业政策、形势分析

□D 就业心理咨询　□E 其他：____________________

40. 在择业前您有充分的准备吗（包括心理、技能和材料等）?

□A 有充分准备　□B 有些准备　□C 准备很不充分

□D 没有这种概念　□E 无所谓

41. 择业中若碰了钉子，您会：

□A 自信心仍很强　□B 有挫折感，但不会退却　□C 打退堂鼓

42. 您对就业政策、制度的了解程度：

□A 很了解　□B 有所了解　□C 不大了解　□D 不了解

43. 您参加工作后至少能接受的月薪是：

□A 1000 以下　□B 1000—1500　□C 1500 元以上　□D 无所谓

44. 您择业时首选地区是：

□A 家乡　□B 东南沿海等经济发达地区

□C 西部等边远地区　□D 京、沪等大城市　□E 其他

45. 如果您选择沿海发达地区，主要考虑的因素是：

□A 经济收入　□B 个人发展机会　□C 思想观念

□D 知识或信息　□E 其他

46. 您首选的就业单位类型是：

□A 行政机关或事业单位　□B 学校或科研机构　□C 企业管理工作

□D 专业技术工作　□E 新兴咨询服务业　□F 高新技术企业

□G 其他

47. 您获得就业信息的主要来源是（最多选三项）：

□A 学校就业指导部门提供的信息　□B 各种招聘会

□C 老师、校友、学友　□D 家庭、亲戚、朋友

□E Internet 网　□F 杂志、报纸广告

□G 中介机构（如人才交流中心）　　□H 其他

48. 您主要通过哪种途径了解就业单位的情况：

□A 新闻媒体　　□B 调查暗访　　□C 公司宣传

□D 品牌　　□E 实习　　□F 其他

49. 除了学校安排的供需见面机会，您择业的主要方式是：

□A 电话咨询　　□B 登门自荐　　□C 邮寄材料

□D Internet 网　　□E 参加各种招聘会　　□F 其他：________

50. 您认为自己现在走出校门能适应社会吗？

□A 能　　□B 基本能　　□C 不能

51. 您不愿意到基层就业的主要原因是：（最多选三项）

□A 不能适应　　□B 重视程度低　　□C 待遇及环境差

□D 信息接收慢　　□E 社会经验不丰富，挑战太大

□F 身体素质、个人婚姻等客观原因

52. 在您择业时对您影响最大的人是：

□A 父母　　□B 男友或女友　　□C 老师

□D 同学朋友　　□E 其他：________

53. 您认为在找单位过程中的主要因素有哪些（最多选三项）：

□A 学习成绩　　□B 各类获奖、等级证书

□C 实践经验　　□D 心理素质

□E 相貌及身高　　□F 应试技巧

□G 口头表达能力　　□H 社会关系　　□I 其他

54. 在就业之后您最关注什么：

□A 个人职业上的发展　　□B 未来的家庭　　□C 深造机会

□D 单位前景与经济收入　　□F 其他：________

××学院××校区毕业生调查部分

55. 您的文化程度：□A 本科以上　　□B 本科　　□C 大专

56. 您的单位所属行业：

□A 教育　　□B 政府　　□C 金融　　□D 电信　　□E 能源

□F 旅游　　□G 新闻　　□H 交通　　□I 科研　　□J 保险

□K 其他____（请填写）

57. 您的月收入是：

□A 500—1000 元　　□B 1000—2000 元　　□C 2000—3000 元

□D 3000 元以上

58. 您在大学里学习的是____________专业（请填写）

59. 您在大学里成绩如何

□A 非常好　　□B 好　　□C 一般　　□D 不好　　□E 很不好

60. 您觉得大学生涯对您的工作是否有帮助

□A 非常有帮助　　□B 有帮助　　□C 一般　　□D 没有帮助

□E 毫无帮助

61. 您在大学生涯里是否经常踊跃参加各种竞赛和活动

□A 是　　□B 否

62. 您认为我学院的毕业生在就业问题上有哪些不足之处

□A 专业知识不够　　□B 知识面狭窄　　□C 社交能力差

□D 其他__________（请填写）

63. 您认为学校教学改革有哪些不足之处，请简要说明__________

64. 您认为自己缺乏哪些方面的技能：

□A 专业知识　　□B 知识面不够广　　□C 社交能力

□D 其他__________（请补充）

65. 您对自我工作能力的评价是：

□A 充满自信，是有能力的人　　□B 对自己的能力不满意，还在努力

□C 虽有潜力，但努力不够　　□D 能跟随大流

□E 尽力了，但人是有差别的

66. 您认为决定成功的最重要因素是什么？（最多可选三项）

□A 健康　　□B 文化水平　　□C 处理人际关系的能力

□D 勤奋，有恒心　　□E 品德　　□F 外貌

□G 创新能力　　□H 机遇　　□I 拥有一定经济实力

这次的调查就到这里，非常感谢您对我们工作的大力支持和帮助。占用您宝贵时间给您带来的不便还请您多多原谅。再次对您表示衷心的感谢！

案例 4

为了进一步全面系统地了解××品牌中高级汽车用户使用过程中的感受和体验，帮助汽车品牌厂商设计更受用户喜爱的中高级轿车车型，特委托市场调研公司进行调查。本调查拟实现以下研究目的：

（1）了解用户购车时的主要影响因素；

（2）了解用户用车过程中各方面的使用感受；

（3）了解用户用车过程中不好的体验；

（4）了解用户用车过程中好的体验；

（5）了解用户用车的整体满意度。

请您根据以上研究目的，利用已经学过的知识，设计出一套完整的调查问卷。

案例 4 参考解答

中高级轿车用户调研问卷

尊敬的先生/女士：

我是××××市场调研公司的调查员，正在开展××品牌中高级轿车用户调研，您是我司督导初步电话甄别于 2020－2023 年期间购买过××品牌汽车的用户，请您根据用车真实感受回答以下问题，您的个人信息本公司承诺严格保密，仅用于数据分析，不单独使用。

Q1. 请问您所在的城市：______________________________

Q2. 您的家用轿车购入价格：□20 万以下（结束调查，感谢参与）

□20 万及以上

Q3. 请填写您的家用轿车车型：______________________________

Q4. 购车时，以下各方面因素您认为重要的是哪些？请选择三项您认为最重要的内容＊（最多选择 3 项）。

□安全性（含车身安全、安全配置、刹车性能、驾驶视野等）

□操控性（含换挡、转弯、越野、油门、离地间隙等）

□动力性（含起步加速、爬坡、排量等）

□舒适性（含空调、静音、操作便利等）

□空间（含乘坐和储物空间）

□信息及娱乐功能（含音响、导航、车联网、显示屏、外接设备功能等）

□外观（含造型、颜色等）

□内饰（含造型、材质、味道等）

□质量（含耐久性、故障率等）

□使用费用（含油耗、维修保养等）

□购车价格

□服务（售前/售时/售后）

□配置（含丰富度、技术、质量等）

□金融服务

□品牌

Q5. 请问您选择这三个因素作为最重要的考虑因素的原因是：

____

Q6. 以下为一些语句描述，请问您对这些语句的认同程度如何？

1 分表示不认同	2	3	4	5	6	7	8	9	10 分表示非常认同	您的打分
我现在的车空间就挺足够的，只需要稍微优化一下即可										
我希望车的空间可以更加多变，能满足我各种场景需求										
即使牺牲一定的空间，也要有好看的外观										
哪怕多付点钱，我也想买一辆看起来更大的车										
我的车后排能舒服得坐下 3 个成年人很重要										
配置越多越好，多多益善，以备不时之需										
配置还是要强调实用，毕竟都是自己买单										
“看得见”的配置（如中控大屏、氛围灯）比看不见的配置（如 PM2.5 的空气净化器）重要										
这个价位的车安全配置差异不大，我会考虑一些娱乐辅助功能配置，因要照顾车上其他人										
未来的车会变得越来越运动										
比起外观和内饰带来的运动感，我更关注实际的动力和操控表现										
我买的车是家庭用车，乘坐舒适更重要										
一提到运动型的车我就想到轿跑车										
我觉得自动驾驶相关的功能和配置（例如自动跟车、自动泊车）比网联类的功能和配置（例如语音操控、车机陪伴等）更有科技感										
车内中控屏越大，越有科技感										
我想要一辆更早体验到先进科技的车										
我的车就要跟父母那辈的不一样										
除了价格，每次买车我都希望有点新尝试（新的车身类型或者新的品牌等）										
再买车我不想换品牌，因为已经开习惯了										
只有特定的几个牌子的车才能叫商务车										
商务车就是拿来接送客户的，家庭用车没有必要买这样的车										
我更喜欢沉稳大气的造型风格，因为它更能显示我成功和有实力的商务形象										
除了车要好，4S 店的服务也要能匹配得起我的车的价位										
我觉得一辆三厢轿车的视觉长度很重要										
我会看车的轴距和尺寸，数字越大越让我满意										
我认为一个别人都说好的品牌一定有好的质量										
我认为自主品牌在质量可靠和耐用性方面就是没有合资品牌好										
对于一个新上市的车型，我会选择观望一段时间，因为我不确定是否质量可靠										
一辆三厢轿车我打算用很久的时间，因此我很关注是否经久耐用										

请回顾自己使用新购买的这辆家用轿车的经历，分享两个关于在您使用这辆车时印象最深刻的回忆或事件。

Q7. 请分享一个心情愉悦舒畅的车辆使用场景

事情发生的时间：________

用车目的：________

是长途还是短途驾驶：________

在这个场景中您是乘客还是驾驶者：________

用车时的感受（用几个关键词）：________

途中发生了什么事情（用几个关键词）：________

Q8. 请分享一个心情糟糕、不舒服的车辆使用场景

事情发生的时间：________

用车目的：________

是长途还是短途驾驶：________

在这个场景中您是乘客还是驾驶者：________

用车时的感受（为啥会糟糕和不舒服？用几个关键词）：________

途中发生了什么事情（用几个关键词）：________

Q9. 请您为这个车的总体满意度打分？

非常不满意 0 1 2 3 4 5 6 7 8 9 10 非常满意

Q10 请问这个车有哪些地方让你觉得是满意的，体验很好的？

____

Q11. 请问这个车有哪些地方是不满意的，让你体验不够好的？

____

案例 5

为了更好指导女大学生就业，为女大学生在择业、就业中提供切实的帮助，××市妇联及××妇女研究所拟对××地区高校女大学生的就业状况进行调查。本调查拟实现以下研究目的：

(1) 全方位地了解女大学生的就业状况；

(2) 分析影响女大学生就业的主要因素；

(3) 考察导致女大学生就业困难的重要原因；

(4) 寻找女大学生择业、就业的有效途径；

(5) 根据研究结果对女大学生提供切实的就业指导与帮助。

请您根据以上研究目的，利用已经学过的知识，设计出一套完整的问卷调查方案。

案例5参考答案

××地区女大学生就业状况调查问卷

亲爱的女大学生：

您好！

随着我国经济的发展和社会的进步，越来越多的女性选择在市场经济的大潮中实现自身的价值。但是，近年来随着高校大规模扩招，大学生开始面临着就业难的问题，女大学生就业难的问题就更加突出。为了更好地了解当前女大学生就业状况，明晰女大学生就业的影响因素，探究女大学生就业难的成因，寻找女大学生就业和发展的有效途径，为女大学生在择业、就业时提供更加切实的指导与帮助，我们特别在××地区的高校组织进行这次"××地区女大学生就业状况调查"。本次调查的问卷采用不记名方式，问卷中所提问题的答案无所谓正确与错误，请您根据自己的实际情况如实填写。本问卷不对外公开，不以个体资料呈现，绝对保密，希望能够得到您的支持和配合。

谢谢！

××市妇联

××妇女研究所

2017年6月

1. 您毕业或在读学校的名称：________________________。

2. 您所学专业属于哪个学科门类（　　）：

（1）哲学□　（2）经济学□　（3）法学□　（4）文学□　（5）史学□

（6）理学□　（7）工学□　（8）医学□　（9）管理学□（10）艺术□

3. 您已毕业或将毕业于__________年。

4. 您来自（　　）：（1）大连市□　（2）省内市外□

（3）北方城市□　（4）南方城市□

5. 您的家庭所在地（　　）：

（1）大城市□　（2）中小城市□　（3）城镇□　（4）乡村□

6. 您是否为独生子女（　　）：（1）是□　（2）否□

7. 您现在的家庭经济状况（　　）：

（1）很好□　（2）良好□　（3）一般□　（4）较差□　（5）很差□

8. 您目前的工作状况（　　）：

（1）已有稳定的工作□　（2）已有临时性的工作□

（3）正准备换工作□　（4）开始找工作□

（5）还没开始找工作□　（6）其他□（请注明：__________）

9. 您目前的求职状况（　　）：

（1）正在积极地找工作□　（2）正在不紧不慢地找工作□

（3）还没有开始找工作□　（4）根本不想找工作□

(5) 有稳定的工作不再找工作□　　(6) 其他□(请注明：________)

10. 您在大学期间的学习成绩（　　）：

(1) 很好□　(2) 较好□　(3) 一般□　(4) 较差□　(5) 很差□

11. 您在校期间对校内外活动的热衷程度（　　）：

(1) 非常热衷□　(2) 较热衷□　(3) 一般□

(4) 不太热衷□　(5) 根本不热衷□　(6) 不好说□

12. 在校期间，您在学生会、团委、社团中的任职情况（　　）(可多选)

(1) 校级主要干部□　(2) 校级一般干部□　(3) 院（系）级主要干部□

(4) 院（系）级一般干部□　(5) 班级主要干部□　(6) 班级一般干部□

(7) 社团主要干部□　(8) 社团一般干部□

(9) 学生会、团委或社团一般成员□　(10) 没有过任何任职□

(11) 其他□(请注明________________)

13. 在校期间，您曾做过（　　）(可多选)

(1) 短期家教□　(2) 长期家教□　(3) 偶尔打短工□

(4) 经常打短工□　(5) 企业兼职□　(6) 个体生意□

(7) 学校兼职□　(8) 其他□(请注明______)

14. 在校期间，您参加过以下哪些考试（　　）(可多选)

(1) 报关员、报检员□　(2) 人力资源师□　(3) 注册会计师□

(4) 物流师□　(5) 证券分析师□　(6) 计算机等级□

(7) 全国大学英语四、六级考试□　(8) 剑桥商务英语□　(9) 公务员□

(10) 研究生□　(11) 托业考试□　(12) 各种上岗证□

(13) 小语种等级（日语、韩语等）□　(14) 托福、雅思或者GRE□

(15) 各种其他专业证书□(请注明__________)

(16) 各种其他非专业技能证书□(请注明__________)

15. 您对自己在校期间各方面的自我评价（请在下表中合适的栏内打“√”）

	非常满意	比较满意	一般	较不满意	根本不满意
	5	4	3	2	1
获奖学金情况					
获各种奖励情况					
人际交往能力					
组织协调能力					
专业实践能力					
综合素质					

16. 您认为工作对于女生（　　）

（1）非常重要□　　（2）比较重要□　　（3）一般□

（4）不重要□　　（5）非常不重要□　　（6）说不清楚□

17. 在校期间，您曾做过哪些就业准备（　　）（可多选）？

（1）有明确的就业目标与方向□　　（2）有人生及职业规划□

（3）看过有关求职方面的书□　　（4）听过求职方面的讲座□

（5）上过就业指导方面的课程□　　（6）考过与职业相关的技术证书□

（7）做过职业能力测评□　　（8）接触并请教过有相关经验的人□

（9）平时注意搜集求职信息□　　（10）去相关单位实习□

（11）什么也没做过□　　（12）其他□（请注明：________________）

18. 您毕业时的打算是（　　）（可多选）

（1）考研□　　（2）考托福、雅思、GRE 等□

（3）考公务员□　　（4）考证（如计算机、专业技术等方面的证书）□

（5）出国留学□　　（6）找工作□　　（7）自主创业□

（8）结婚□　　（9）做“自由职业者”□

（10）其他□（请注明）（____）

19. 您认为目前女大学生找工作的急切程度总体上（　　）

（1）很急□　　（2）较急□　　（3）一般□

（4）不太急□　　（5）一点也不急□　　（6）不清楚□

20. 您的基本就业观是（　　）（可多选）

（1）响应国家号召□　　（2）注重专业对口□　　（3）发挥个人特长□

（4）符合本人兴趣□　　（5）从实际出发□　　（6）宁缺毋滥□

（7）随遇而安□　　（8）一旦选择定终身□　　（9）先就业再择业□

（10）先择业再就业□　　（11）自主创业□　　（12）完全自主选择□

（13）听从父母安排□　　（14）其他□（请注明）（____________________）

21. 您认为女大学生在求职与择业时要考虑的重要因素是（　　）（可多选）

（1）所在城市□　　（2）职业的社会地位□　　（3）职业的发展空间□

（4）行业发展前景□　　（5）专业对口□　　（6）工作与兴趣相投□

（7）单位所有制性质□　　（8）企业知名度□　　（9）企业规模□

（10）工作单位地点□　　（11）企业文化□　　（12）收入□

（13）福利待遇□　　（14）工作环境□　　（15）工作稳定性□

（16）工作压力□　　（17）其他□（请标明）（____________________）

22. 您认为女大学生第一份工作的月薪期望值应在（　　）

（1）800 元及以下□　　（2）800—1000 元□　　（3）1000—1200 元□

（4）1200—1500 元□　　（5）1500—2000 元□　　（6）2000—3000 元□

（7）3000—5000 元□　　（8）5000 元以上□

23. 您认为女大学生在选择职业时对城市的选择偏向于（　　）（可多选）

（1）大城市□　（2）中等城市□　（3）小城镇□

（4）乡村□　（5）直辖市□　（6）省会城市□

（7）沿海城市□　（8）内陆城市□　（9）父母家所在地□

（10）东南部经济发达地区□　（11）中西部经济欠发达地区□

（12）不受城市限制□　（13）暂时还没有考虑好□

（14）其他□（请注明：________）

24. 您认为作为一名女大学生，在哪种性质的企事业工作比较合适（　）

（1）政府机关□　（2）事业单位□　（3）国有企业□

（4）外资企业□　（5）中外合资企业□　（6）民营企业□

（7）私人企业□　（8）高等院校□　（9）科研单位□

（10）其他□（请注明）（________）

25. 您认为女大学生在哪种规模的企事业单位工作比较合适（　）？

（1）大型□　（2）中型□　（3）小型□　（4）无所谓□

26. 您认为女大学生对以下问题的重视程度是（请在下表中合适的栏内打“√”）

	非常重视	比较重视	一般	不太重视	根本不重视
	5	4	3	2	1
专业对口					
本人兴趣					
工资及福利待遇					
解决户口与否					
工作地点					
发展空间					
职业的社会地位					
工作稳定性					
企业知名度					
行业发展前景					

27. 您认为女大学生寻找工作的主要渠道有（　　）（可多选）

（1）参加学校招聘会□　（2）参加社会招聘会□　（3）在网上应聘□

（4）由学校推荐□　（5）由老师推荐□　（6）由父母、亲朋推荐□

（7）参加应聘考试（如公务员考试、企业用人考试等）□

（8）通过实习和社会实践获得工作□　（9）自己到人才市场应聘□

（10）到用人单位自荐□　（11）利用新闻媒体上的招聘信息□

（12）自主创业□　（13）其他□（请注明）（________）

28. 您对自主创业的想法是（　　）

(1) 早就有创业的打算，一毕业就创业□

(2) 想等工作一段时间后，有一定经验和资金后，再创业□

(3) 不想创业，只想拥有一份安稳的工作□

(4) 如果实在找不到合适的工作，才考虑创业□

(5) 这是男人做的事情，无论如何也不会打算创业□

(6) 从来没有考虑过这个问题□

(7) 其他□（请注明）（＿＿＿＿＿＿＿＿＿＿＿＿＿＿）

29. 您对女大学生就业形势的看法是（请在下表中合适的栏内打“√”）

	非常乐观	比较乐观	一般	不太乐观	非常不乐观
	5	4	3	2	1
当前就业形势					
未来就业形势					
个人的就业前景					

30. 您认为女生获得理想工作的原因是（　　）（可多选）

(1) 学习成绩□　(2) 专业技能□　(3) 综合素质□　(4) 外貌□

(5) 口才□　(6) 聪明□　(7) 家庭背景□

(8) 其他□（请注明）（＿＿＿＿＿＿＿＿＿＿）

31. 您认为女大学生在求职中失利的主观因素有（　　）（可多选）

(1) 太注重考证□　(2) 太注重书本知识□

(3) 太注重专业知识□　(4) 没有专业资格证书□

(5) 学习成绩不好□　(6) 社会实践少□

(7) 专业动手能力差□　(8) 自身综合素质不高□

(9) 社交能力不强□　(10) 心理承受能力弱□

(11) 依赖心理较严重□　(12) 自信心不足□

(13) 招聘信息不灵□　(14) 缺乏求职技巧□

(15) 对就业政策不了解□　(16) 缺乏职业选择训练□

(17) 其他□（请注明）（＿＿＿＿＿＿＿＿＿＿）

32. 您认为女大学生在求职中失利的客观因素有（　　）（可多选）

(1) 毕业生人数多□　(2) 适合女生就业的岗位少□

(3) 专业设置不适应市场需求□　(4) 性别歧视普遍存在□

(5) 社会关系缺乏□　(6) 家长干预太多□

(7) 其他□（请注明）（＿＿＿＿＿＿）

33. 您认为作为一名女大学生，在找工作过程中的主要障碍有（　　）（可多选）

(1) 性别□　(2) 身高□　(3) 民族□　(4) 容貌□
(5) 体重□　(6) 所学专业□　(7) 毕业学校□　(8) 家庭出身□
(9) 心态□　(10) 专业能力□　(11) 外语水平□　(12) 工作经验□
(13) 性格□　(14) 综合素质□　(15) 学习成绩□　(16) 择业期望□
(17) 就业信息□　(18) 社会关系□　(19) 个人特长□　(20) 家长干预□
(21) 学校指导□　(22) 人际沟通能力□　(23) 其他□ (请标明) (________)

34. 您认为女大学生在求职和就业中遭遇到的性别歧视问题 (　)
(1) 很严重□　(2) 比较严重□　(3) 一般□
(4) 不太严重□　(5) 根本不严重□　(6) 不清楚□

35. 按聘用单位性质，请您对求职和就业中的性别歧视情况按重轻程度排序
(1) 政府机关□　(2) 事业单位□　(3) 国有企业□
(4) 外资企业□　(5) 中外合资企业□　(6) 民营企业□
(7) 私人企业□　(8) 高等院校□　(9) 科研单位□
(10) 其他□ (请注明) (________________)
第一__________；第二__________；第三__________。

36. 您听说或亲眼所见的显性性别歧视表现有 (　) (可多选)
(1) “限男性”□　(2) “男性优先”□
(3) ××岗位 (男) □　(4) 文秘岗位：“只要男性”□
(5) “只招收男性”□　(6) 理工类岗位：“不招女生”□
(7) “业务员，限男性”□　(8) 在招聘启事中声明：“不招女生”□
(9) “能喝酒、擅长文艺”□　(10) 面试通知时有男无女□
(11) 招办公室女文秘，身高高于 165 厘米的不要，低于 158 厘米的也不要，为了配合办公室主任 172 厘米的身高！□
(12) 其他□ (请注明) (________________)

37. 您听说或亲身体验过的隐性性别歧视表现有 (　) (可多选)
(1) 问女性有没有男朋友□　(2) 问女性有没有和男朋友同居□
(3) 问女性男朋友在本地还是在外地□　(4) 要求女性进行“孕检”□
(5) 问女性打算几年内结婚生孩子□　(6) 工作后数年内不得怀孕等□
(7) 其他□ (请注明) (________________)

38. 您对性别歧视问题的态度 (　) (可多选)
(1) 愤怒□　(2) 无奈□　(3) 沉默□　(4) 非常痛恨□
(5) 无所谓□　(6) 能理解□
(7) 其他□ (请注明) (________________)

39. 您对以下观点的看法是 (请在下表中合适的栏内打“√”)

	非常同意	比较同意	一般	比较不同意	根本不同意
	5	4	3	2	1
干得好不如嫁得好					
家庭美满才是女性的成功					
家庭中的女性必须自立					
职场上的女性必须自信					
女性必须在经济上独立					
全职太太是一种现代的选择					
嫁个有钱老公是女人的追求					
男大学生能力比女大学生强					
女生自信心低于男生					

40. 在择业过程中，您最希望学校提供的指导服务是（　　）（可多选）

(1) 就业心理咨询□　　(2) 就业信息发布□

(3) 职业能力测评及生涯设计□　　(4) 就业政策、形势分析□

(5) 求职面试技巧培训□　　(6) 其他□（请标明）(________________)

41. 您希望在就业方面得到哪些帮助（　　）（可多选）

(1) 对性别歧视进行法律干预□

(2) 对性别歧视进行政策干预□

(3) 高校应对女毕业生择业进行有针对性的指导□

(4) 利用各种信息渠道，拓宽女毕业生的就业途径□

(5) 设置专项奖励，对真心接纳女大学生的单位进行表彰□

(6) 政府向女大学生提供创业贷款或津贴，鼓励女大学生自主创业□

(7) 除特殊行业外，政府应对低于50%女性录用比例的用人单位，增加生育基金、养老保险及相关项目的额度，以鼓励用人单位录用女性□

(8) 政府有关部门应该规定国有企事业单位在人才招聘中，录用的女性必须要有一定的比例□

(9) 举办女性专场招聘会□

(10) 建立女大学生人才储备中心，并提供免费的推荐服务□

(11) 其他□（请注明）(____)

42. 您希望学校为应届女毕业生就业提供哪些方面的具体指导？

____

____

衷心感谢您的支持！

第五章　传统市场调查方法

指点迷津

一、学习目的与要求

通过本章学习，掌握文案调查法、邮寄问卷调查法、面访调查法、小组座谈法、电话调查法、观察法以及实验法的含义、特点、实施过程、各自的优缺点以及应用范围。

二、本章重点

常用的几种传统市场调查方法，主要是面访调查法、小组座谈法、电话调查法、观察法以及实验法的含义、特点、实施过程，各种方法的优缺点及应用范围。

三、本章难点

常用市场调查方法的比较及如何根据调查课题需要选择合适的调查方法。面访调查中的随机化回答技术、面访调查的程序与技巧，小组座谈法的实施步骤，观察法的类型，实验方案的设计。

脉络框架

- 传统市场调查方法
  - 文案调查法
    - 含义和特点
    - 文案资料的来源
      - 企业内部资料
      - 企业内部资料
    - 实施步骤
      - 评价现有资料
      - 寻找收集情报的途径
      - 资料筛选
      - 文案市场调查报告的撰写
    - 文案资料的检索
      - 参考文献查找法
      - 检索工具查找法
    - 优缺点及应用

- 传统市场调查方法
  - 邮寄问卷调查法
    - 含义和特点
    - 程序
      - 设计问卷
      - 确定调查方式
      - 预调查
      - 正式调查
      - 补充调查
    - 无回答问题
      - 无回答率
      - 补救措施
        - 再次邮寄问卷
        - 电话协助调查
        - 二重抽样
    - 优缺点及应用
  - 面访调查法
    - 含义和特点
    - 类型
      - 居民入户调查
      - 个别采访
    - 方式
      - 标准式面访
      - 非标准式面访
    - 程序与技巧
      - 访问前的准备
      - 进入面访
      - 调查过程的技巧（提问、追问、澄清、非语言控制）
      - 结束面谈
    - 随机化回答技术
      - 概念
      - 沃纳随机化回答模型
      - 西蒙斯随机化回答模型
    - 优缺点及应用
  - 小组座谈法
    - 含义和特点
    - 实施步骤
      - 会前的准备工作
        - 明确会议主题
        - 设计调查提纲
        - 确定会议规模和人员
        - 选择会议的场所和时间
      - 过程的指导和控制
        - 打破短暂的沉默
        - 把握会议的主题
        - 做好与会者之间的协调工作
        - 做好会议记录
      - 做好会后的工作
        - 及时整理会议记录
        - 回顾和研究会议的情况
        - 进一步查证事实，并做必要的补充调查
    - 优缺点及应用
  - 电话调查法
    - 含义和特点
    - 问题设置
      - 调查内容主题突出，问题数量不宜过多
      - 注意选择适当的回答问题的方式
      - 尽量避免回忆性问题
    - 样本选取
      - 利用抽样框抽选调查单位
      - 有意识地选择调查单位
      - 随机拔号
    - 记录方式（文字记录、代码记录、录音记录、临时性标号记录等）

- 传统市场调查方法
  - 观察法
    - 含义和特点
    - 类型
      - 对无意识现象的观察
      - 对有意识现象的观察
        - 参与观察
          - 完全参与
          - 部分参与
        - 非参与观察
    - 观察方案设计
    - 记录技术（观察卡片、速记、记忆、机械记录）
    - 优缺点及应用
  - 实验法
    - 含义和特点
    - 实施步骤
      - 将研究的问题转化成有关的变量
      - 选择实验对象
      - 确定实验方案
      - 控制实验环境
      - 收集实验数据
    - 实验方案的设计
      - 单一实验组设计
      - 实验对照设计
    - 优缺点及应用

习题练兵

一、名词解释

1. 文案调查法　2. 邮寄问卷调查法　3. 无回答率　4. 定期性调查
5. 居民入户调查　6. 个别采访　7. 小组座谈法　8. 传统电话调查
9. 观察法　10. 参与观察　11. 非参与观察　12. 完全参与观察
13. 部分参与观察　14. 实验法

二、填空题

1. 文案调查就是对________的收集、整理、加工、分析。

2. 问卷调查完全依靠________进行，所有被调查者在接受调查的过程中受到的外部刺激是相同的，因而是一种________的调查。

3. ________又叫模拟调查，是指在正式调查之前进行的规模较小的具有实验性质的调查。

4. 根据不同的调查对象，面访调查可以主要分为________和________。

5. 随机回答技术是用来对________进行调查，并根据调查结果对总体的________进行数量推算的一种面访调查方法。

6. 座谈访谈调查提纲通常要由________、________与________三者共同研究确定。

7. 文案调查法的数据来源主要有____________和________________。

8. ________通常用于解释性调查。

9. 实验对照设计就是分别选择一批实验对象和对照对象，组成____________和____________。

10. 小组座谈的人数一般为________人

三、单项选择题

1. 研究企业亏损问题，就要选择一些亏损企业的厂长，经理进行面访，这属于（　　）。

A. 个别采访　　B. 居民入户调查　　C. 小组座谈法　　D. 观察法

2. 在面访过程中，有时候被调查者要求进一步了解所提的问题，调查者要进行适当的解释。这时，调查员的解释称为（　　）。

A. 追问　　B. 澄清　　C. 提问　　D. 陈述

3. 从事电话调查的专家认为，电话调查的时间一般应控制在（　　）分钟左右。

A. 20　　B. 10　　C. 5　　D. 30

4. 在面访调查中何时结束访问不是根据下面哪个要素决定？（　　）

A. 访谈内容　　B. 访谈气氛　　C. 访谈时间　　D. 主持人素质

5. 对于一些热点问题或突发性问题的快速调查一般采用（　　）

A. 面访调查　　B. 实验法　　C. 电话调查　　D. 邮寄问卷调查

6. 到商场观察消费者对某种新产品的反应，属于（　　）

A. 对无意识现象的观察　　B. 部分参与观察

C. 完全参与观察　　D. 非参与观察

7. 通过某产品广告前和广告后销售量的比较，分析广告对销售量的影响，应采用（　　）进行调查。

A. 实验法　　B. 观察法　　C. 数据分析　　D. 问卷调查法

8. 以下不属于邮寄问卷调查法缺点的是（　　）

A. 花费的时间较长　　B. 回收率低

C. 保密性差　　D. 问卷填写的质量难以控制

9. 下面哪种调查方法回答率最高（　　）

A. 面访调查　　B. 实验法　　C. 电话调查　　D. 邮寄问卷调查

10. 下面哪种调查方法费用最省（　　）

A. 面访调查　　B. 实验法　　C. 邮寄问卷调查　　D. 电话调查

四、多项选择题

1. 属于文案调查法内部资料来源的有（　　）。

A. 企业订货单　　B. 企业财务报表

C. 相关行业报告　　D. 企业调研报告

2. 查找文献的方法主要有（　　）。

A. 快速浏览法　　　　　　B. 参考文献查找法
C. 检索工具查找法　　　　D. 资料文献筛选法

3. 对无回答的补救措施包括（　　）。
A. 调查员补充　　　　　　B. 再次邮寄问卷
C. 电话协助调查　　　　　D. 二重抽样

4. 个别采访的优点有（　　）。
A. 调查有深度　　　　　　B. 匿名性较高
C. 灵活性较高　　　　　　D. 拒答率较低

5. 面访调查前的准备工作主要有（　　）。
A. 设计访问提纲　　　　　B. 选择被调查者
C. 确定访问时间地点　　　D. 准备记录工具

6. 追问的方法有（　　）。
A. 正面追问　　B. 侧面追问　　C. 反激追问　　D. 系统追问

7. 在小组座谈法实施中主持人应该做哪些工作？（　　）。
A. 打破沉默　　B. 把握会议主题　　C. 做好协调工作　　D. 作出决策

8. 电话调查的优点有（　　）。
A. 时效快　　B. 费用低　　C. 回答率高　　D. 适合敏感性问题

9. 参与观察根据参与程度的不同，可以分为（　　）。
A. 完全参与观察　　　　　B. 非参与观察
C. 对无意识现象的观察　　D. 部分参与观察

10. 实验法的局限性有（　　）。
A. 时间长　　B. 费用高　　C. 保密性差　　D. 时效性差

五、简答题

1. 简述文案调查法的特点。
2. 文案调查法如何检索资料？
3. 简述文案调查法的优缺点。
4. 邮寄问卷调查法应用于哪些方面？
5. 简述面访调查法的特点。
6. 简述标准式面访和非标准式面访的区别。
7. 影响提问方式的因素有哪些？
8. 随机化回答技术的基本特征是什么？
9. 试比较沃纳模型与西蒙斯模型。
10. 简述小组座谈法的优缺点。
11. 简述小组座谈法的实施步骤。
12. 小组座谈法应用于哪些方面？

13. 电话调查如何抽取调查样本？

14. 简述观察法的优缺点。

15. 实验法一般包括哪几个步骤？

六、案例分析题

1. 通过本章的学习讨论可以采用哪些调查方法进行企业品牌形象研究。

2. 杰克刚刚从德克萨斯大学阿灵顿分校获得营销调研理学硕士学位（master of marketing research，MSMR）。他接受了在美国尼桑公司的职位，作为市场调查人员被分派到一个产品经营组工作。这个产品经营组正在进行一项紧急任务，要分析目前全球市场上汽车产品组合，并向高级管理者推荐未来 10 年内汽车产品的需求。

这一过程的第一阶段是对不同细分市场进行背景分析（例如，轻便的实用汽车、跑车、豪华轿车等）。若干个市场调查组被分派对不同的细分市场进行背景研究。杰克被分派分析跑车市场，他需要在第二天早晨之前完成初步分析，并在会议上汇报他的分析以及对该市场的潜力和未来趋势的初步结论。

在非常有限的时间条件下，杰克知道要及时完成他的报告，唯一的希望就是利用二手资料，假如你是杰克，可以利用的二手资料有哪些？根据你所获得的二手资料，完成一份报告，内容包括以下几点：

1. 目前跑车市场的规模。
2. 市场增长趋势。
3. 目前市场上的领导品牌。
4. 在未来 10 年中，将影响市场的人口变化趋势。
5. 其他你认为有关的因素。
6. 杰克的公司是否应当扩大在跑车市场上的份额？

参考答案

一、名词解释

1. 文案调查法，又叫间接调查法。是指通过搜集多种历史和现实的动态文献资料，从中摘取与市场调查课题有关的情报，对调查内容进行分析研究的调查方法。

2. 邮寄问卷调查是指通过邮寄或其他方式将调查问卷送至被调查者手中，由被调查者自行填写，然后将问卷返回的一种调查方法。

3. 无回答率是指未回收的问卷数占发送问卷数的比重，它是与问卷回收率相对应的指标，即：

无回答率＝未回收的问卷数/发送的问卷数×100％＝1—问卷回收率。

4. 定期性调查是指某项市场调查课题需要长期跟踪进行，因此，在抽选出调查户以后就相对固定下来，调查人员每隔一段时间登门收集有关资料。

5. 居民入户调查是指调查人员直接深入到事先抽中的家庭或用适当的方法选定的居民户，再依据问卷或调查提纲进行面对面的调查。

6. 个别采访是指调查人员就某一个专门的问题，有目的地选择一些在这方面有特殊经历或特殊经验的人进行访问，以获取比较详尽和丰富的资料。

7. 小组座谈法是由一个经过训练的主持人，以一种无结构的自然会议座谈形式，同一个小组的被调查者交谈，从而获取对一些有关问题的深入了解的调查方法。

8. 传统电话调查是指调查人员利用电话同被调查者进行语言交流，从而获取信息、采集数据的一种方法。

9. 观察法是指观察者根据特定的研究目的，利用感觉器官和其他科学手段，有组织、有计划地对研究对象进行考察，以取得研究所需资料的方法。

10. 参与观察是指观察者深入到被调查群体中，在参与被调查者各种活动的同时，不断观察和记录群体内部活动的观察方式。

11. 非参与观察是指观察者以旁观者的身份，置身于被调查群体之外进行的观察。

12. 完全参与是指观察者隐瞒或改变自己的身份，成为被调查群体的一员，长期生活在被调查群体中进行观察。

13. 部分参与是指观察者不改变身份进入到被调查群体中，了解调查所需要的资料。

14. 实验法是指在既定条件下，通过实验对比，对市场现象中某些变量之间的因果关系及其发展变化过程加以观察分析的一种调查方法。

二、填空题

1. 二手资料
2. 问卷　　标准化
3. 预调查
4. 居民入户调查　个别采访
5. 敏感性问题　　特征比例
6. 调查组织者　　客户（委托人）　　主持人
7. 内部资料　　外部资料
8. 实验法
9. 实验组　对照组
10. 8—12

三、单项选择题

1. A　2. B　3. B　4. D　5. C　6. D　7. A　8. C　9. A　10. D

四、多项选择题

1. ABD　2. BC　3. BCD　4. ACD　5. ABCD
6. ABCD　7. ABC　8. AB　9. AD　10. ABCD

五、简答题

1 题答：

（1）文案调查是收集已经加工过的文案，而不是原始资料的收集。（2）文案调查以收集文献信息为主。它具体表现为各种文献资料。文献性信息是指以文字、图像、符号、声频、视频等形式负载的各种信息，它与物质性消息、思维信息明显不同。（3）文案调查所收集的资料包括动态和静态两个方面，但以动态资料为主。

2 题答：

要收集文献，必先查找文献，查找文献必须按照图书情报的规律进行，才能事半功倍。查找文献的方法主要有：（1）参考文献查找法。也叫追溯查找法，即利用著作者本人在文章、专著的末尾所开列的参考文献目录，或者是文章、专著中所提到的文献名目，追踪查找有关文献资料的方法。（2）检索工具查找法。利用已有的检索工具查找文献资料的方法，按检索工具的不同，检索工具有手工检索和计算机检索两种。

3 题答：

文案调查法的优点（1）文案调查费用低、效率高、是获取市场经济活动情报信息的捷径。（2）文案调查可以超越时空条件的限制，收集古今中外有关文献资料，了解到广泛的情报信息。（3）文案调查不受调查人员和被调查者主观因素的干扰。

文案调查的局限性：（1）时效性差。文案调查所获取的主要是历史资料，过时资料比较多，经常出现落后于现实的情况。（2）资料缺乏具体性、生动性。（3）文案调查要求调查人员有较广泛的理论知识、较深的专业知识和技能。

4 题答：

具体来说，当调查的时效性要求不高，调查对象的通信地址比较清楚，调查经费比较紧张，而调查内容又较多、且涉及敏感问题的情况下，可采用邮寄问卷调查。调查的内容可以是日常的消费、购物习惯、接触媒介习惯等企业关心的问题，也可以是对市场的看法、态度、满意度等市场调查问题。

5 题答：

（1）有较高的回答率。（2）数据比较准确。（3）可使用较复杂的问卷。（4）调查成本高、周期长。（5）某些特殊群体的访问成功率低。

6 题答：

标准式面访是指按照调查人员事先设计好的，有固定标准的标准化问卷或调查表，在面访中由调查人员按照问卷中的问题的顺序逐一提问，得到回答后将其填入问卷或调查表中的调查方式。标准式面访的最大好处在于，便于对调查结果进行统计和定量研究，便于对不同被访者的回答进行对比分析；同时，标准式面访能够对调查过程加以控制。但是，这种访问方式缺乏弹性，访问过程较为生硬，难以灵活反映复杂多变的市场现象，难以对经济与市场问题进行深入探讨。同时，不利于发挥调查员和被调查者的积极性、主动性。

非标准式面访是指事先不制作统一的问卷或调查表，也没有规定统一的面访程序，而是只给调查人员一个题目，由调查人员和受访者自由交谈，从而获取有关资料。这种访问一般只是按照一个粗线条的访问提纲进行，至于提问的方式、顺序、访谈时的外部环境等，都不做统一的规定和要求，而由调查者根据具体情况灵活处理。非标准式面访的优点在于，访问具有较大的弹性，有利于充分发挥访问者和被访问者的主动性、创造性，有利于调查原设计方案中没有考虑到的新情况、新问题，有利于加深对市场现象的研究。但是，这种访问方法对访问者的素质要求较高，对访问结果也难以进行定量分析和对比研究，获得资料更多的侧重于定性的方面。

7 题答：

主要应该考虑以下三方面的因素：第一，要考虑问题本身的性质和特点，比较尖锐、复杂、敏感的问题，应以谨慎、迂回的方式提出。反之，则可大胆，正面提出。第二，考虑被访者的具体情况。对思想上有顾虑，性格内向或理解能力较差的被访者，应循循善诱，耐心开导。反之，则可单刀直入提出问题。第三，根据访问者与被访者的关系。双方互不熟悉，还没有建立信任关系的，应耐心、慎重地提出问题。反之，则直率、简洁地提出问题。

8 题答：

被调查者对调查的问题采取随机化回答的方式，调查人员无法从被调查者的回答中得知对方是否具有某种特征，从而使被调查者减少顾虑，提供真实情况。在得到调查结果后，调查人员利用概率原理对总体具有某种特征的比例进行推算，得到相应的估计值，从而达到调查的目的。

9 题答：

沃纳随机化回答模型的基本思想是：为了调查某个敏感问题。同时列出两个存在相关关系的问题制成卡片，被调查者随机抽取卡片进行回答，回答后，卡片不退还调查人员。因此，调查人员不知道被调查者在回答哪一个问题，而达到对被调查者个人秘密进行保护的目的。沃纳模型在调查敏感性问题时，两种卡片上的问题是相互关联的，都具有敏感性。被调查者可能仍比较警惕，心存戒备，从而不予配合。而且，沃纳模型还有一个缺点，卡片 A 和卡片 B 的数量不能相等，否则，无法用公式推算。因此，在沃纳模型的基础上，提出了西蒙斯模型。在西蒙斯模型中，A、B 两种问题只有 A 仍为敏感性问题，而 B 则是和 A 完全无关的非敏感性问题。这样，更能使被调查者清除顾虑，提高调查结果的真实性和准确性。

10 题答：

小组座谈法的优点：（1）资料收集快、效率高。（2）取得的资料较为广泛、深入。(3) 将调查与讨论相结合、结构灵活。

小组座谈法的局限性：(1) 对主持人的要求较高。既要熟练掌握访谈技巧，又要具有驾驭会议的能力。(2) 容易形成“团体压力”进而形成判断错误。参加座谈会的某些权威人士的发言容易左右其他人员的发言。(3) 有一些讨论涉及隐私，保密等敏感性问题，由于与会人员较多，不便深入讨论，影响调查结果的质量。

11 题答：

(1) 小组座谈会前的准备工作包括：明确会议主题，设计调查提纲；确定会议规模和人员；甄别参会人员并预约座谈场次；选择会议的场所和时间。(2) 座谈过程的指导和控制工作包括：打破短暂的沉默；把握会议的主题；做好与会者之间的协调工作；做好会议记录。(3) 座谈会后的工作包括：及时整理会议记录，看记录是否完整、准确，调查的情况是否有明显的不真实、不可靠的地方，有无遗漏和错误之处需要更正；回顾和研究会议的情况；进一步查证事实，并做必要的补充调查。

12 题答：

小组座谈法主要应用于定性调查研究，如情况交流介绍、问题研究分析、趋势把握讨论等，在市场调查中，可用于研究广告创意，获取消费者对产品的价格认同度，调查消费者对某类产品的认识、偏好及行为，了解消费者对产品的印象等。

13 题答：

电话调查中的样本选取，可以根据不同的情况和调查要求，用不同的方法，主要样本单位选取方法有：(1) 利用抽样框抽选调查单位；(2) 有意识地选择调查单位；(3) 随机拨号。

14 题答：

观察法的优点：(1) 直观、可靠。(2) 简便、灵活。(3) 适用性强。

观察法的局限性 (1) 观察法一般只能反映客观事实的发生过程，而无法说明事件发生的原因和动机。(2) 观察对象有局限性。(3) 观察法调查时间较长，调查费用较高。

15 题答：

(1) 将研究的问题转化成有关的变量，确定研究假设。(2) 选择实验对象。

(3) 确定实验方案。(4) 控制实验环境。(5) 收集实验数据。

六、案例分析题

1 题参考答案：

一、为什么要进行品牌形象研究？

营销时代的市场竞争正越来越体现为品牌的竞争。消费者心目中的品牌形象塑造，正如联合利华前董事长 Michael Perry 所说，“如同鸟儿筑巢一样，用随手摘取的稻草杂物建造而成。”进行品牌形象研究，即是通过市场分析工具，在解析不同消费者的品牌印象的基础上，勾勒出某一品牌的特有气质，从而为品牌资产的管理者提供决策依据。

二、选择何种方法进行品牌形象研究?

是选择定性还是定量的研究方法，取决于调查的目的、时间与金钱。在品牌形象研究方面，定性与定量的区别何在呢?

	定性研究	定量研究
目的	对于潜在的原因和动机得到一个定性的认识	把得到的信息定量化并从样本推知总体
样本	少量非代表性的个案	大量的代表性的个案
调查方法	小组座谈、深度访问	入户访问、街头定点访问
结果	产生一个初步的概念	得到一个可以指导行动的结论

三、如何进行品牌形象的定量研究?

品牌形象的定量研究除应遵循定量市场研究的基本程序（包括定义客户问题、研究设计、实地调查、数据分析、报告撰写、向客户陈述等)，还应特别注意：

1. 预先的定性研究

在进行品牌形象的定量研究时，无论时间、预算的限制如何，都必须先进行一些定性研究，以使研究人员了解消费者用以描述该类商品及研究品牌的基本尺度。

2. 确定过滤条件

调查对象的过滤条件决定了研究结果的代表性。如对某微波炉的品牌形象研究中，如调查对象为全体市民，则调查结果代表现有和潜在消费者的意见；如调查对象为家中有微波炉的受访者，则调查结果代表现有消费者的意见；如调查对象为使用某品牌微波炉的受访者，则调查结果代表品牌使用者的意见。

在确定过滤条件时，还需要考虑依据该条件是否能够找到足够的受访者，通过何种数据采集方法才能有效找到该类受访者。

3. 选择合适的数据采集方法

采用随机抽样的入户访问结果具有推断调查对象总体的意义，所以大多数的品牌形象研究都以此为主要的数据采集方法。街头定点访问有利于找到满足某些过滤条件（如未来一年内准备购买彩色电视机）的受访者，一般要求在街头拦截访问，在找到合格的受访者后，邀请其到附近的一间工作室中，由访问员对其进行访问。

4. 使用指标体系设计问卷

研究经验显示，对于不同种类的产品应使用不同的指标体系来设计问卷，能够有效保证研究质量。

5. 通过模型进行分析

通过市场现状图、品牌定位图等研究模型，在大量的数据中找到最重要的研究结论，并使之一目了然。

四、如何进行品牌形象的定性研究?

在小组座谈中，使用一些研究技巧可以有效刺激受访者的想象力，从而获得更多有关品牌的信息：

1. 开放式讨论

(1) 对你来说，这个品牌有什么意义？

(2) 当初为什么选择这个品牌而不是其他品牌？它和别的品牌有什么不同？

(3) 如果你要向别人介绍这个品牌，你会怎么说？

(4) 你觉得这个品牌是什么样的人用的？

2. 拟人化

(1) 如果这个品牌是一个人，它的性别、年龄为何？

(2) 它所从事的职业是什么？它的衣着打扮是什么样子？

(3) 它平常有哪些爱好？有什么样的休闲娱乐活动？

3. 词汇联想

(1) 提到这个品牌，你最先想到的 3 个形容词是什么？

(2) 为什么是这 3 个形容词？

4. 隐喻及类比

(1) 如果这个品牌是动物，它会是那一种动物？

(2) 如果这个品牌是人，它会是什么性别、年龄、职业？

5. 属性归类

本方法进行的方式是准备受测品牌及其竞争品牌，然后要求消费者以他们自己的分类标准来将这些品牌分组，此动作不断重复，直到消费者无法想出其他用来分组的“区隔元素”；接着由消费者解说其标准及呈现分类结果。

2 题参考答案：

由于时间非常紧张，所以只能采用文案调查法，那么可以获取的二手资料很多，首先想到利用网络资源，查找有关跑车的相关信息，另外可以查阅一些专业的统计年鉴以及书籍，了解这个市场的发展状况，最后把这些信息汇总整理为对我们有用的二手资料。

调查报告（略）。

案例精粹

案例 1

某公司为了解消费者对该公司某产品的满意度情况，进行了一次市场调查。具体目标是了解该地区消费者的要求和期望，进一步改善产品。

某市场调查公司人员替该公司设计了一个小组座谈方案，做了如下安排。

1. 分成 4 个组，每组 20 个人，受访者招募办法是：先在街头随机拦访，如果其愿意接受访问，再另付其一定的报酬，让其再找 5 个人，直至构成一组。

2. 公司恰好有一个闲置的有单面镜和摄像系统的会议室，这个会议室空调坏了。决定安排这些人 8 月 7 日在此会议室进行访谈。访谈期间不需要设立主持人约束会场，各组成员只需要根据访谈提纲的内容自由讨论。计划时间是每组 1 个小时左右，一个下午访谈会举行完毕。

要求：指出上述安排中的不当之处，并提出改进措施。

案例 1 参考解答

此小组座谈调查方案存在的不当之处及相应改进措施：

一、每组安排 20 个人不合适。按照小组座谈法的经验，一组包含 8～12 人是最佳安排，效果最好。经历性小组座谈所需的受访者人数可在此范围内适当多些。

二、一组人最好不要是熟人。一般要遵循“陌生人”原则，熟人可能不能就某个问题畅所欲言。因此，所有受访者都应采取街头随机拦访的方式选择。

三、召开小组座谈法的环境不好。会议室没有空调，夏天燥热，影响受访者的情绪，不利于访谈。因此，应改善会议室环境或更换会议室，保证访谈环境的适宜。

四、每组访问时间只有 1 个小时，时间不够，不能充分搜集信息。一般情况下，1.5～3 小时最为理想，既能充分搜集信息，又不会让受访者觉得时间长到难以忍受。

五、应该选择主持人。小组座谈法的关键环节就是选择主持人，这样可以调动参加者的积极性，控制大局，把握座谈会的方向和进程等。

案例 2

周末愉快.听花音乐露营地是一家位于成都市洛带镇蔚然花海景区内的“露营＋景区”模式的精致露营营地：依靠蔚然花海景区的基础设施、花海及音乐节主题优势以及知名度实现其创收。为了了解营地的经营管理状况，营地的投资人委托调查公司进行市场调查，如果你是项目负责人，会考虑选择哪种调查方法，根据所选调查方法设计数据记录工具。

案例 2 参考解答

可以首先考虑观察法。观察法是指观察者根据特定的研究目的，利用感觉器官和其他科学手段，有组织、有计划地对研究对象进行考察，以取得研究所需资料的方法。市场调查中最常见的观察法有“神秘顾客”和“顾客的影子”等，“神秘顾客”由调查员以顾客的身份通过观察、体验、与店员交谈的方式在选购或消费体验中获得信息。“顾客的影子”则是调查员如影随行的跟随顾客以观察顾客在选购商品时的偏好、规律、习惯等，为企业营销服务。观察法这种方法直观、可靠、简便、灵活、适用性强。

为了了解营地的经营管理状况可以采用“神秘顾客”的观察法，这些观察者通过实地消费体验，并在已设计好的神秘客打分表上进行信息记录和打分。基本内容如下表。

露营营地神秘顾客体验调查表

营地名称：

<table>
<tr><th colspan="2">基本信息</th></tr>
<tr><td>1. 神秘顾客姓名：</td><td rowspan="5">神秘顾客照片</td></tr>
<tr><td>2. 同行人数及人员情况：</td></tr>
<tr><td>3. 体验日期：　年　月　日 到达时间：　　离开时间：</td></tr>
<tr><td>7. 本次拜访时露营点工作人员人数：　　性别：　　年龄：</td></tr>
<tr><td>6. 体验现场采集资料☐现场照片　☐视频文件　☐音频文件</td></tr>
</table>

<table>
<tr><th colspan="4">项目评分</th></tr>
<tr><td>评分项目</td><td>满分</td><td>得分</td><td>问题简述</td></tr>
<tr><td>一、餐品</td><td>36</td><td></td><td></td></tr>
<tr><td>二、吧台/配餐间</td><td>12</td><td></td><td></td></tr>
<tr><td>三、现场人员及服务</td><td>32</td><td></td><td></td></tr>
<tr><td>四、场所评价</td><td>20</td><td></td><td></td></tr>
<tr><td>总分</td><td>100</td><td></td><td></td></tr>
<tr><td colspan="4">如果您有超出标准以外的评价请在每一部分下面具体说明，不影响评价。</td></tr>
</table>

<table>
<tr><th colspan="2">一、厨房餐品</th><th colspan="2">36 分</th></tr>
<tr><td colspan="2">套餐名称：☐ 欢乐套餐　☐ 围炉煮茶　☐ 养生下午茶　☐ 听花致夏茶
预定平台：　　　　价格：</td><td>满分</td><td></td></tr>
<tr><td>a. 团购兑换速度：</td><td>速度：10 分钟，计时标准：下单后打电话预约开始计时，超过半小时计 0 分。</td><td>4</td><td></td></tr>
<tr><td>b. 餐品种类相符</td><td>品种数量与套餐描述相符，如更换需告知。品种与实际不符未告知、主料种类不足套餐规定计 0 分。</td><td>4</td><td></td></tr>
<tr><td>c. 速度：</td><td>出品速度：______分钟，计时标准：点单后服务人员离开时开始计时，超过半小时计 0 分。</td><td>4</td><td></td></tr>
<tr><td>d. 食材新鲜度、品质、健康度</td><td>问题描述：☐食材外观霉变、腐坏 ☐食材酸、臭等异味　☐用料劣质、成分不明　☐茶饮有泥沙、杂志　☐其他：______________
评分说明：上述每有 1 项计为 0 分，请扣分时，在对应问题描述方框内标注。</td><td>4</td><td></td></tr>
<tr><td>e. 色泽、外观、搭配</td><td>问题描述：☐装盘达到器皿边缘、外观饱满　☐菜品鲜艳、有光泽度，物料不失本色　☐菜品外形整齐、无加工的焦感色　☐物料搭配合理
评分说明：上述若有严重例外，计为 0 分，请扣分时，在对应问题描述方框内标注。</td><td>4</td><td></td></tr>
<tr><td>f. 口味（含点心、茶饮）</td><td>总体问题描述：
☐串味或有怪味　☐原料是否不新鲜、变质或者窜味的现象　☐熟食是否生、硬　☐茶饮有异味
评分说明：上述若有任何例外，计为 0 分，请扣分时，在对应问题描述方框内标注。</td><td>4</td><td></td></tr>
<tr><td>g. 餐点份量、茶水续水</td><td>总体问题描述：☐份量与餐单描述出入大　☐茶水不能续杯　☐其他：______
评分说明：上述若有任何例外，计为 0 分，请扣分时，在对应问题描述方框内标注。</td><td>4</td><td></td></tr>
<tr><td>h. 加购</td><td>总体问题描述：☐加购是否明码标价　☐是否强制消费　☐价格刺客
☐其他：______________
评分说明：上述若有任何例外，计为 0 分，请扣分时，在对应问题描述方框内标注。</td><td>4</td><td></td></tr>
<tr><td>i. 器皿</td><td>问题描述：☐煮茶桌炉无残缺、功能正常　☐餐具完整无残缺、无污垢、水渍、油迹、不粘手　☐煮茶壶干净、完整　☐其他：______________
评分说明：上述若有任何例外，计为 0 分，请扣分时，在对应问题描述方框内标注。</td><td>4</td><td></td></tr>
</table>

问题描述：			
二、吧台/配餐间		12	
a. 营业执照	问题描述：□未找到营业执照　□其他：＿＿＿＿＿＿ 评分说明：上述若有任何例外，计为 0 分，请扣分时，在对应问题描述方框内标注。	4	
b. 吧台台面整体有序	问题描述：□吧台台面上是否整洁，无太多堆积的脏杯具？　□杯架上杯子摆放是否有序：□吧台台面上摆放的物品是否整齐、美观？以您进店后的直观感受做评价　□其他：＿＿＿＿＿＿ 评分说明：上述若有任何例外，计为 0 分，请扣分时，在对应问题描述方框内标注。	4	
c. 甜品展示柜、冷藏柜	问题描述：□冷气开启　□摆放整齐、陈列美观　□其他：＿＿＿＿ 评分说明：上述若有任何例外，计为 0 分，请扣分时，在对应问题描述方框内标注。	4	
问题描述：			
三、现场人员及服务		32	
a. 进场后，能及时找到服务人员，服务人员能主动招呼或主动引领		4	
b. 着装：□着装平整干净　□着工作装或得体便装		4	
c. 管理人员是否随时在岗，并关注顾客的需求、服务态度好□		4	
d. 当班管理人员是否在店内大声喧哗？上班是否显得比较随意？□		4	
e. 为顾客提供点单或上餐服务并与顾客进行适当交流□		4	
f. 席间有服务，如及时清理桌面、添加茶水□		4	
g. 准确对账、结账规范，提供发票		4	
h. 迎客送客、服务工程中整体服务态度好、士气高、服务意识强、待客周到		4	
问题描述：			
四、场所评价		20	
a. 分店外围、入口 □外围店招醒目、干净、整洁　□是否能方便进入店里，入口无障碍？　□门口宣传物料摆放是否整齐、美观？(×展架、其他宣传物件)		2	
b. 营地卫生□营地内干净、整洁　□垃圾及时清理　□无水渍、泥泞		4	
c. 帐篷、桌椅等设施 □无损坏　□无安全隐患　□合理规划布局		4	
d. 洗手间□步行 10 分钟内有洗手间　□洗手间等正常使用　□洗手间无脏乱差		4	
e. 氛围、场景布置 □精致美观与宣传一致　□与宣传基本一致　□比宣传的逊色　□达不到宣传中的效果		4	
问题描述：			

附件 1 整体环境照片	附件 2 营位及餐品照片	附件 3 发现的问题照片（可多附）

第六章　现代市场调查法

指点迷津

一、学习目的与要求

通过本章学习，掌握计算机辅助电话调查的含义、CATI3.0系统的流程与操作、网络调查的含义、特点、优势与局限性；理解网络调查方案设计、网络调查问卷设计、网络调查实现与传统调查的区别；会根据简单的问卷项目进行实践操作并分析处理调查数据，具有对调查项目利用网络调查来实现的能力。

二、本章重点

1. 计算机辅助电话调查CATI3.0的操作流程
2. 计算机辅助电话调查中的问卷设计以及访员和访员组管理的设计与实践操作
3. 利用计算机进行问卷管理
4. 网络调查的含义与特点
5. 各种网络调查的含义与特点
6. 各种网络调查的优势与局限性

三、本章难点

1. 计算机辅助电话调查CATI3.0的实践操作
2. 对调查取得的数据的导出处理以及分析
3. 网络调查方案设计技术以及与传统调查的不同
4. 网络调查问卷设计与实现技术
5. 调查项目利用网络调查的实现技术

脉络框架

- 现代市场调查法
  - 计算机辅助电话调查
    - 计算机辅助电话调查简介
    - CATI3.0系统的操作手册
      - 立项
      - 员工组与员工管理
      - 项目权限
      - 系统权限
      - 样本设置
      - 执行策略
      - 样本抽取
      - 问卷管理
      - 访员组与访员管理
      - 项目执行
  - 网络调查
    - 含义与特点
    - 网络调查方案设计
    - 网络调查问卷设计与实现技术
    - 常用的网络调查方法
      - 电子邮件调查
      - 网页调查
      - 网络视讯会议座谈法
      - 网上实验观察法

习题练兵

一、名词解释

1. 计算机辅助电话调查
2. 立项
3. 权限
4. 问卷管理
5. 网络调查
6. 主动调查法
7. 被动调查法
8. 原始资料网上搜集法
9. 二手资料网上搜集法
10. 网上问卷调查法
11. 网上座谈法
12. 网上观察法
13. 电子邮件法
14. Web 站点问卷调查法
15. 网络视讯会议座谈法
16. 网上视讯会议法
17. 网上实验观察法
18 服务器日志统计法
19. 网络搜索法

二、填空题

1. 网络调查是一种新兴的市场调查方法，是____________、网络通信技术发展的结果，是随着网络技术（主要是互联网技术）的发展逐渐兴起的。

2. 网上观察法是指对______的访问情况和______的网上行为进行观察和监测的调查原始资料的方法。

3. 网络调查实施按技术分为电子邮件法、Web 站点问卷调查法、＿＿＿＿＿＿、网络视讯会议座谈法、网上实验观察法、服务器日志统计法、＿＿＿＿＿。

4. 网络调查的抽样方法一般是＿＿＿＿＿中的＿＿＿＿＿。

5. 网络调查的对象仅限于＿＿＿。

6. 网络调查不需要另外的＿＿＿＿环节，减少了人工数据录入过程中的＿＿＿＿＿。

7. 在网上进行观察，研究者探讨的＿＿＿＿和＿＿＿＿情况下的语言分析和谈话分析。

8. 在进行计算机辅助电话调查 CATI3.0 操作时候，＿＿＿＿流程是最先需要完成的。

9. 在员工组与员工管理的操作时的多数界面与＿＿＿＿流程是类似。

10. 通常调查数据导出采用＿＿＿＿和＿＿＿＿两种方式进行导出。

三、单项选择题

1. 网络调查中按调查者组织调查对象的行为分为（　　）。
   A. 主动调查法和被动调查法
   B. 原始资料网上搜集法和二手资料网上搜集法
   C. 局域网市场调查和广域网市场调查
   D. 网上问卷调查法与网上座谈法

2. 网络调查按搜集资料的性质分为（　　）。
   A. 主动调查法和被动调查法
   B. 原始资料网上搜集法和二手资料网上搜集法
   C. 局域网市场调查和广域网市场调查
   D. 网上问卷调查法与网上座谈法

3. 网络二手资料搜集是下列哪种传统方法的改进（　　）。
   A. 观察法　　B. 实验法
   C. 小组座谈法　　D. 文案调查法

4. 电子邮件调查是下列哪种传统调查方法的改进（　　）。
   A. 小组座谈法　　B. 面访调查
   C. 电话调查　　D. 邮寄问卷调查

5. 视讯会议法是下列哪种传统调查方法的改进（　　）。
   A. 小组座谈法　　B. 面访调查
   C. 电话调查　　D. 邮寄问卷调查

6. 计算机辅助电话电话系统的英文缩写是（　　）。
   A. CAI　　B. CATI　　C. CAPI　　D. CASI

7. 计算机辅助电话调查在进行项目设置的时候，系统权限必须分配给如下的（　　）。

A. 员工组　　B. 访员组　　C. 管理员　　D. 访员

8. 在进行样本设置的时候代码需要大于多少才能进行操作（　　）。

A. 20　　B. 30　　C. 40　　D. 50

9. 在进行 CATI3.0 的实践操作的时候，最后做的流程是（　）。

A. 执行策略　　B. 样本维护　　C. 项目执行　　D. 答卷管理

10. 计算机辅助电话调查系统中权限管理包括（　　）。

A. 系统权限和项目权限　　B. 系统权限

C. 项目权限　　D. 员工权限

四、多项选择题

1. 网络调查按调查方法的不同分为（　　）。

A. 网上问卷调查法　　B. 网上座谈法

C. 电子邮件法　　D. 网上观察法

2. 计算机辅助电话调查可以实现以下哪些功能（　　）。

A. 通话录音　　B. 坐席监控

C. 样本配额控制　　D. 问卷跳转逻辑设置

3. 电话访问中待拨出的电话号码在 CATI3.0 中有哪几样来源（　　）。

A. 随机生成　　B. 已有号码导入

C. 访问员熟人号　　D. 空号抽取

4. 电话访问调查中常见的导出数据方式有（　　）。

A. EXCEL　　B. SPSS　　C. WORD　　D. TEXT

5. 在进行访问前，需要在管理平台中把项目状态改为（　　）电话才能接通。

A. 准备　　B. 试访　　C. 执行　　D. 暂停

五、简述题

1. 简述网络调查的特点。
2. 抽样方法获取的样本主要表现为哪三种形式?
3. 简述问题的设计与多媒体实现技术。
4. 简述网络问卷的优势。
5. 简述电子邮件调查的优势与局限性。
6. 简述网页调查的优势与局限。
7. 简述视讯会议法的优势与局限。
8. 简述 CATI3.0 系统包括的十个流程。
9. 简述在 CATI3.0 中设计问卷的问卷层属性中常规包括的项目。
10. 简述计算机辅助电话调查项目执行的先决条件。

参考答案

一、名词解释（略）

二、填空题

1. 现代计算机技术
2. 网站　　网民
3. 网络实时交谈法　　网络搜索法
4. 非概率抽样　　志愿者抽样
5. 网民
6. 编码录入　　遗漏和偏误
7. 实验设置　　自然设置
8. 立项
9. 访员组与访员管理
10. EXCEL 和 SPSS

三、单项选择题

1. A　2. B　3. D　4. D　5. A　6. B　7. A　8. D　9. D　10. A

四、多项选择题

1. ABCD　　2. ABCD　　3. AB　　4. AB　　5. BC

五、简述题

1 题答：客观且保密性；简单而高效性；调查范围的广泛性；传递速度的快速性；多媒体问卷的先进性；调查费用的低廉性；调查结果的可靠性高。

2 题答：抽样方法获取的样本主要表现为三种形式，即：（1）随机样本。按照统计学随机抽样原则进行组织。例如可以利用 Internet 的便利，事先搜集大量的电子邮件地址，然后随机加以选择。这种做法费用虽低但抽样代表性无法得到保证。（2）过滤性样本。只要愿意，任何人都可以回复网上的问卷，可能出现对某份问卷反复填写的重复现象。调查人员应当首先明确定义好所期望的样本特征，然后利用筛选问卷来限制不符合要求的样本，同时，过滤出符合要求的样本。（3）选择性样本。不同的统计调查项目，通常会根据不同的问题和调查目标对样本提出不同的要求。在具备样本库的前提下，可从中选择满足抽样要求的样本。

3 题答：每题单屏显示；题目与选项交替循环；科学的题型配置；逻辑跳答；逻辑判断；图片展示；帮助提示（虚拟调查员、文字提示）等。

4 题答：一是通过将多媒体技术与问卷设计结合起来，可以在问卷中加入图片、声音、视频、动画等，一方面可以使调查内容更加广泛，另一方面使问卷界面更加友好，从而吸引更多网员参与调查。二是通过将计算机程序技术与问卷设计结合起来，可实现交互式问卷设计。例如，可以根据被调查者前面回答问卷的情况或已有的问卷统计分析结果动态调整后续问卷的调查内容；自动辨别被调查者问卷的输入错误等。三是可利用计算机了解更多关于问卷的额外辅助信息。如：用户回答某一问题的时间、回答某一问题的修改次数等，从而实现智能化问卷技术。

5 题答：优势：(1) 更快获取数据；(2) 让客户加强对项目的监控；(3) 节省费用；(4) 方便接触以传统方式难以接触的人群。

局限性：(1) 被访者局限在拥有电子邮箱的人群；(2) 问卷一般不宜太长；(3) 不适合需要被访者实际触摸、尝试产品的项目。如口味测试研究；(4) 问卷样本可能不具代表性；(5) 无法控制受访者的重复回答；(6) 回收率低。

6 题答：网页调查成本低，只要将调查问卷发布到网上，后续的接收表单和数据统计等工作都可以由程序完成，不需要太多人力物力；调查者可以通过选择不同的网站和频道，针对自己的调查目标展开调查，降低了盲目性；网络连通全国直至全世界，反馈的地域局限性相对较低；网民的反应方式直接，反应周期短、实时性强；网页调查可以统计点击率，如果作为整体广告策划的先行兵，可以作为广告方案或文案是否能引起大众兴趣的一个参考。网页调查由于受到网页界面的限制，不太适合影响因素较多、较为复杂的课题。

7 题答：视讯会议法无时空限制，大大节约了成本。网络环境为开好小组座谈会，使参加者能积极地、容易地参与所关心话题的讨论，提供了方法改进的广阔机会。视讯会议法参加者的数目几乎是不需要限制的，讨论话题的选择范围可以是很宽的。视讯会议法还给客户提供了影响座谈会的可能性。但网络环境中，研究者要得到有关参加者的详细背景资料有一定难度，或者要得到有关参加者的真实背景资料有一定难度。

8 题答：CATI3.0 该操作流程的十个子项目，根据上机的实践项目把该流程具体分为立项、员工组与员工管理、项目权限、系统权限、样本设置、执行策略、样本抽取、问卷管理、访员组与访员管理、项目执行十个业务流程。

9 题答：问卷层属性中的常规包括：

创建人：问卷的创建人员。

创建日期：问卷的创建时间。

修改人：对问卷的最近一次修改的人员。

修改日期：对问卷的最近一次修改的时间。

文件路径：问卷所存放的绝对物理路径，随保存后的问卷代号的改变而发生变化。

问卷名称：用户自定义的问卷名称。

问卷代号：用户自定义的问卷代号。

10 题答：项目能够正常执行的先决条件有如下：作为电话调查的 WEB 服务器（应用服务器）启动；CTI 服务器启动；消息服务启动；“样本池”程序启动；本机局域网连接正常；有经过专业培训过的访员；项目状态处于试访/执行状态；问卷在调试时一切正常；执行策略、样本设置正常；样本数量充足；分配访员权限。

案例精粹

案例 1　计算机辅助电话调查案例题

国家电网泸州供电公司需进行电力报修满意度调查，调查项目——电力用户对泸州供电公司各供电所电力故障报修服务的满意度调查。调查问卷如下：

电力故障报修满意度调查问卷

尊敬的＊＊先生/女士，您好

您于 20＊＊年＊月故障报修，现对电力企业服务情况进行回访，恳请您提出宝贵的意见和建议，以帮助我们改善服务质量。感谢您的支持！

样本信息核对　1. 区县：________ 2. 供电所：________ 3. 工单号：________

4. 客户名字：________ 5. 客户电话：________ 6. 客户地址：________

A1. 您是通过哪种途径进行报修的（多选）：

A. 95598 热线　B. 供电营业厅　C. 客户经理　D. 物管　E. 网上国网

A2. 是否迅速受理您的报修申请？　A. 是　B. 否

A3. 故障报修后，抢修人员到达现场的时间：

城区：　A. 45 分钟以内　B. 45—60 分钟　C. 60—120 分钟　D. 超出 120 分钟

农村：　A. 60 分钟以内　B. 60—120 分钟　C. 120—240 分钟　D. 超出 240 分钟

A4. 您对故障抢修的速度是否满意：

A. 非常满意　B. 比较满意　C. 一般（追问 A4—1）　D. 不太满意（追问 A4—1）

E. 不满意（追问 A4—1）

A4—1 **您不满意的原因是（可多选）：**

A. 抢修时间长　B. 复电不及时　C. 现场恢复不及时　D. 其他

A5. 您对抢修人员的服务态度、专业水平是否满意：

A. 非常满意　B. 比较满意　C. 一般（追问 A5—1）　D. 不太满意（追问 A5—1）

E. 不满意（追问 A5—1）

A5—1 **您不满意的原因是（可多选）：**

A. 服务态度差　B. 推脱责任　C. 业务技能不过关

D. 乱收费或未告知收费标准　E. 其他

A6. 抢修人员是否告知您故障原因？ A. 是　B. 否

A7. 您对整个故障报修过程是否满意：

A. 非常满意　B. 比较满意　C. 一般　D. 不太满意　E. 不满意

A8. 您家一年内停电的次数：

A. 1—3 次　B. 4—6 次　C. 7—9 次　D. 10 次及以上

A9. 您认为今年故障抢修相比去年的变化：

A. 变好　B. 没变化　C. 变差（追问 A9—1）　D. 不清楚

A9—1. **变差的原因（可多选）：**

A. 反复停电　B. 停电时间长　C. 抢修进度慢　D. 工作人员态度差

给定条件有：

1. 调查项目是：电力报修满意度调查。

2. 调查数量地区配额如下表：

区县	样本配额
江阳区	100
龙马潭区	100
纳溪区	100
泸县	100
泸川	100
叙永县	100
古蔺县	100
合计	700

3. 调查的管理人员 2 名，访问人员 15 名。

4. 通过呼叫中心拨打手机样本，共计 700 份。

5. 问卷采用“问卷设计器”进行设计。

试结合教材进行实践操作，完成整个电访调查项目系统配置及电访的实施，并进行数据的导出和分析。

案例 1 参考答案：

根据案例题要求，学生在掌握问卷调查的情况下，根据整个调查项目的 10 个流程完成该项调查，其主要操作如下（有些操作环节省略）。

1. 首先项目管理人员 2 名根据系统管理员所给的账号和密码进入 CATI3.0 系统，在界面填写相关信息。在管理主界面上，在“新建项目”下的“标准项目”菜单，并在项目信息主界面上填写相关信息。

2. 在员工组管理和员工管理中把 2 名项目管理人员设定为该项目的员工成员，并建成员工组（普通组或者权限组），其中在编辑员工组和员工的时候必须给员工组和员工一定的系统和项目权限。

3. 在样本设置中在样本设置界面填写状态代码、状态名称、显示模式、设定属性、关联的设置，只有通过设置，项目的操作才能进行。

4. 在执行策略的操作时候，在项目执行策略设置模块中可以对项目执行中的运行时间、配额等进行设置。其中包括：运行时间设置、样本配额设置、样本电话次序、拨号策略设置、录音放音设置，其中运行时间设置里根据案例题的要求进行设置，其中拨号顺序可以根据自己的要求进行。

5. 样本维护中由于是调查报修客户的满意度，由供电公司提供客户联系电话，所以采取样本导入的方式，按系统格式要求整理电话号码 Excel 文档，然后样本导入。因同一个客户可能存在报修过多次或一个报修联系多次的情况，因此导入时需选择比对标准为手机号，以去除重复电话号码。

6. 在问卷管理中，结合教材所介绍的问卷设计要求来进行问卷设计，问卷设计可以在“问卷设计器”里进行，然后导入系统里进行操作。问卷设计中需设置引用样本中的姓名、电话、报修日期等字段以确认访问对象，问卷中需注意跳答，如不满意的需追问不满意的原因。

7. 在访员组管理和访员管理中把 15 名访问人员设定为该项目的访员成员，并建成访员组（呼出组），其中在编辑访员组和访员处，给访员组和访员分配一定的系统和项目权限。

8. 项目执行时，首先检查硬件设备的情况，然后检查样本及问卷情况，最后执行项目，在项目执行的时候，访员必须如实在计算机上记录下被调查者的调查记录。项目进行中管理员进行坐席监听、配额监控和答卷审核，在项目完成后，项目分析人员导出调查数据进行分析。

在整个操作的过程中，需要结合教材第六章第一节介绍 CATI3.0 的操作手册进行，这里不再赘述操作的计算机图形界面。

案例 2　网络调查案例题

请将下列在线调查项目《搜索引擎关键词广告应用状况在线调查》在问卷星、问卷网、腾讯问卷等网络调查平台上设计并发布问卷开展调查，试比较各网络调查平台在问卷设计、调查模式、样本服务、调查数据显示等方面的差异，对各网络调查平台的功能、特点、优缺点进行评价和比较，并关注最终的调查结果及其调查报告。

《搜索引擎关键词广告应用状况在线调查》调查问卷

非常感谢您关注并参与新竞争力网络营销管理顾问关于“搜索引擎关键词广告应用状况在线调查”！本项调查的目的在于了解国内企业/网站利用关键词广告推广的现状，如哪些搜索引擎用户采用比例最高、关键词推广的总体效果，以及影响关键词广告推广应用的因素等。新竞争力将根据有关调查结果进行统计分析，并将免费发布研究结论，供更多企业/网站在制定搜索引擎关键词广告时参考。

为了尽量提高调查结果的可信度，新竞争力对“搜索引擎关键词广告投放”的说明如下：

本调查所定义的关键词广告投放包括你本人直接向搜索引擎投放关键词广告（例如注册了 baidu 关键词广告账户后自行投放广告），也包括你本人参与的通过代理商所进行的关键词广告投放，如果本人并未直接参与关键词广告投放，至少应该对这个过程和结果比较了解。

另外，提醒参与调查的朋友，请留下您的联系方式，新竞争力将从参与者中抽出部分获奖者，奖品包括新竞争力网络营销专家最新出版的网络营销著作（如即将出版的网站推广方法、搜索引擎营销、网络营销案例等）、收费网络营销研究报告，并有机会获得新竞争力的邀请，免费参加不定期举办的网络营销茶座、酒会等。

1. 你否投放过中文搜索引擎关键词广告（只选 1 项）

○是　　○否

2. 如果投放过中文搜索引擎关键词广告，在哪些搜索引擎投放？(请选1至7项)

□百度

□中国搜索

□雅虎中国（一搜）

□新浪搜索

□搜狐搜索（搜狗）

□网易搜索

□其他搜索引擎

3. 如果投放过中文搜索引擎关键词广告，对推广效果总体满意度（只选1项）

○5（非常满意）○4（比较满意）○3（基本满意）○2（一般）○1（不满意）

4. 你认为影响关键词广告效果的因素有哪些（请选1至11项）

□关键词组合选择是否能覆盖用户检索所采用的主要词汇

□关键词广告标题设计是否有吸引力

□关键词广告文字描述的设计是否有吸引力

□关键词广告显示的排名位置

□关键词广告展示数量

□搜索引擎平台的用户特征

□搜索引擎平台的访问量

□搜索引擎是否提供关键词管理工具

□选择搜索引擎广告平台比较盲目

□网站建设本身的专业水平

□其他因素

5. 你认为目前关键词广告投放中的主要问题是什么？(请选1至9项)

□关键词广告投放流程操作复杂

□缺乏对搜索引擎的评价指标，因而选择搜索引擎比较盲目

□难以选择最符合用户检索行为的关键词

□重要关键词的价格太高

□关键词广告总体费用过高

□同类关键词广告信息太多

□对推广效果难以评估

□无效点击率过高（包括恶意点击和非潜在用户的无意点击）

□其他问题

6. 如果尚未采用过关键词广告，那么是否会在一年内考虑采用？(只选1项)

○会　　○不会　○不一定

7. 你认为目前没有采用关键词广告推广的主要因素有哪些（请选1至10项）

□网络营销预算限制

□关键词广告总体费用太高

□不知道如何选择合适的搜索引擎

□关键词广告投放操作比较复杂

□不知道如何选择合理的关键词

□期望的关键词每次点击价格太高

□担心自己的广告被恶意点击

□对关键词广告效果没有信心

□暂时不需要这种推广方式

□其他原因

8. 如果计划采用过关键词广告，会选择哪些搜索引擎？（请选 1 至 9 项）

□百度

□中国搜索

□雅虎中国（一搜）

□新浪搜索

□搜狐搜索（搜狗）

□网易搜索

□暂时不好确定

□其他搜索引擎

请填写您的个人信息（说明：仅用于联系和获奖通知，没有其他任何商业目的）

您的姓名（笔名）☐　　Email 地址☐

所在地区☐　其他联系方式☐

案例 2 参考答案：（略）

第七章　市场调查数据的处理与分析技术

指点迷津

1. 学习目的与要求

通过本章的学习，要求学生能掌握数据处理和数据分析的概念，理解二者的重要意义，掌握各种数据处理技术，包括数据的审核、编码、录入、分组、插补、显示、计算等处理技术，能够将纸张式问卷的数据转化为SPSS数据并进行数据处理。熟悉各种常用的市场调查数据分析方法，包括频数分析、描述分析、交叉分析、相关分析、比较均值分析及多元统计分析，对经过处理的数据进行数据分析。

2. 本章重点

本章的重点主要在于数据的各种处理技术和分析技术及其SPSS的实现

3. 本章难点

本章的难点主要在于对各种处理技术和分析技术的理解认知，重在掌握各种技术的实质和适用条件

4. 几点说明

本章的编写特色在于内容的实用性，主要结合近期的研究案例进行SPSS的实际操作，而对于实质的数据分析部分将在教材的其他章节中有所反映

脉络框架

- 调查数据的处理与分析
  - 数据处理与数据分析
    - 含义
    - 意义
    - 技术
  - 数据处理技术
    - 数据审核
    - 数据编码
    - 数据录入
    - 数据插补
    - 数据分组
    - 数据显示
  - 数据分析技术
    - 描述分析
      - 频数分析
      - 描述分析
      - 交叉分析
    - 相关分析
    - 多元统计分析
      - 聚类与判别分析
      - 因子与主成分分析

习题练兵

一、名词解释

1. 数据处理　2. 数据审核　3. 数据编码　4. 数据录入
5. 数据插补　6. 数据分组　7. 统计表　8. 二维列联表
9. 卡方检验　10. 分布审核

二、单项选择题

1. 统计调查的继续和统计分析的前提是（　　）。
A. 数据处理　B. 统计分析　C. 撰写报告　D. 统计设计

2. 应用各种检查规则来辨别缺失、无效或不一致等造成数据存在的潜在错误，这种活动称作（　　）
A. 数据录入　B. 数据审核　C. 数据编码　D. 创建数据库

3. 把问卷上填写的文字信息转换为数字代码，以便进行处理和制表，这种工作称作（　　）
A. 数据录入　B. 数据审核　C. 数据编码　D. 数据插补

4. 将问卷上的回答输入计算机，转化成可机读的结构化存储形式，这种工作称作（　　）
A. 数据录入　B. 自动审核
C. 预先编码　D. 数据插补

5. 离群值的检测可以看作数据审核的一种类型，它属于（　　）
A. 准确性审核　B. 一致性审核
C. 分布审核　D. 完整性审核

6. 一般来说，变量数据中组距与组数的关系为（　　）
A. 反比关系　B. 正比关系　C. 等差关系　D. 无关系

7. 预先编码不适用于（　　）
A. 二项选择问题　B. 排序问题
C. 开放型问题　D. 等级评定问题

8. 如果在问卷中的问句采用填空式提问，如“请问您的年龄为______岁。”则此问题的变量类型应该定义为（　　）
A. 字符型　B. 数值型　C. 日期型　D. 美元型

9. 卡方检验一般用于检验变量间的（　　）
A. 相关关系　B. 回归关系　C. 因果关系　D. 函数关系

10. 因子分析的基本思想是从（　　）角度出发。
A. 解释变量间相关关系的角度　B. 解释变量方差的角度

C. 解释变量间回归关系的角度　　　　B. 解释变量函数关系的角度

三、多项选择题

1. 数据处理阶段的工作包括（　　）

A. 数据审核　　B. 数据寻踪　　C. 数据编码

D. 数据录入　　E. 数据插补

2. 准确性审核中，常用的检查方法包括（　　）。

A. 逻辑检查　　B. 计算检查　　C. 时间检查

D. 调查检查　　E. 平衡检查

3. 度量集中趋势的指标有（　　）

A. 平均数　　B. 标准差　　C. 中位数

D. 四分位差　　E. 众数

4. 聚类分析方法根据研究对象的不同，可以分为（　　）

A. 两步聚类　　B. 对变量进行聚类的 R 型聚类

C. 快速聚类　　D. 对样本进行聚类的 Q 型聚类

E. 分层聚类

5. 如果在相关分析中，两个变量的相关系数为－0.9，说明两个变量（　　）

A. 高度相关　　B. 负相关　　C. 正相关

D. 低度相关　　E. 不相关

四、简答题

1. 请简述数据处理的意义。
2. 数据审核的内容及方法。
3. 为什么要对统计资料进行分组。
4. 数据分组的原则是什么。
5. 数据分组的方法有哪些。
6. 统计表，从形式上和内容上包括哪几部分。
7. 简述数据插补的方法有哪些。
8. 简述如何进行频数分析。
9. 简述如何进行交叉分析。
10. 简述如何进行相关分析。
11. 简述如何进行快速聚类分析。

五、分析题

下面截取“公众统计素养调查问卷”中的第四和第五部分问句，就这些问句进行一个编码，写出编码对照表。

第四部分　请问您对统计教育的了解程度

4.1　请问您对我国的统计教育体系的了解程度

1. 非常熟悉　2. 基本了解　3. 听说过，但不了解　4. 没有听说过

4.2　请问您认为我国的统计教育重心应放在什么地方，就下面几种方式进行排序，最重要为1，其次为2，再次为3

（　）普通高等教育

（　）义务教育（中小学）教育

（　）继续教育

第五部分　请问您对下面统计方法的了解程度

序号	统计方法	非常熟悉	基本了解	听说过，但不了解	没有听说过
1	搜集数据的方法	1	2	3	4
2	整理数据的方法	1	2	3	4
3	分析数据的方法	1	2	3	4

参考答案

一、单项选择题

1—5. ABCAC　　6—10. ACBAA

二、多项选择题

1. ACDE　　2. AB　　3. ACE　　4. BD　　5. AB

三、名词解释

1. 数据处理就是根据市场调查的研究目的和任务，运用科学的方法，对收集到的原始数据进行审核、编码、录入、插补、分组和汇总显示的过程。

2. 数据的审核指应用一定的检查规则，来辨别缺失、无效或不一致等造成数据存在问题的工作。

3. 数据的编码是给问句的每一项答案赋予一个数值代码，把文字信息转化为数字形式，以便数据录入和进一步处理的过程。

4. 数据的录入是将编码后的资料输入到计算机，转化为计算机可识别的数据内容存储起来的过程，以便后续的数据处理和数据分析。

5. 数据的插补指解决审核中发现的数据缺失、无效和不一致问题的一种技术。

6. 数据的分组指根据统计的研究目的和任务，按照某一或某几个分组标志将统计总体分成若干性质不同组的过程，使各组之间差异尽量大，组内单位差异尽量小。

7. 广义的统计表包括统计工作各个阶段中所用的一切表格。狭义的统计表专指分析表和容纳各种统计资料的表格，也就是通常所说的统计表。

8. 二维列联表指同时将两个有联系的变量及其变量值交叉排列在一张，反映两个变量联合分布情况的统计表。

9. 卡方检验是用于定性数据分类变量之间的相依性。通过列联表中观察到各类出现的次数和理论上期望次数的差别来进行判断。如果变量之间互相独立的假设成立，计算的检验统计量服从卡方分布。

10. 分布审核是试图通过数据的分析来辨别数据是否正常，来识别是否有哪些数据远远脱离分布的正常范围，即有些数据是否为离群值。因此有时也称为统计审核或离群值的检验。

四、简答题

1 题答：

数据处理的意义包括：

第一，数据处理是对调查资料的全面检查，是查缺补漏、去假存真和去粗取精的过程，可以保证数据的一致性、客观性和有效性。

第二，数据处理是进行数据分析研究的基础。

第三，数据处理有利于保证数据的质量，提高数据的长期保存价值。

2 题答：

数据审核的内容及方法包括：

准确性审核是关键，也称有效性审核，主要检查数据是否真实可靠，是否存在差错。检查的方法有逻辑检查和计算检查。

完整性审核是检查应该调查的调查单位是否遗漏、所有的调查项目有无缺失等。例如，在有跳问的问卷中，某问句不该跳问但却跳问了，就会缺失调查项目信息，造成数据的不完整。

一致性审核就是基于不同问句间的结构关系、逻辑关系和合理性来进行的，要检查调查的各种数据之间，是否连贯、是否一致、是否对立，是否有明显的不合理。

分布审核主要是在数据分析阶段运用，通过数据的分布，来辨识是否有超出正常范围的离群值。

3 题答：

数据分组在统计研究中具有非常重要的作用。首先，数据分组可以使零散的数据系统化和有条理化；其次，数据分组可以从数量上揭示总体内部的结构状况，反映各部分与整体的关系以及各部分之间存在的差别和相互联系，从而帮助人们认识掌握事物的特征和本质；最后，通过不同的数据分组，还可以分析不同现象间的依存关系。总之，通过数据分组对数据进行处理后，更有利于进行各种统计分析。

4 题答：

数据分组要遵循以下三个原则。第一，组别要互斥。互斥就是在特定的分组标志下，总体中的任何一个单位只能归属于某一组，而不能同时或可能归属于几个组。第二，组别要完备，或者更形象地说是要穷尽。穷尽就是要保证分组使总体中的每一个单位都应有组可归，或者说各分组的空间足以容纳总体所有的单位。第三，组别要反映事物本质。科学的分组必须保证使组间单位的差异很大，组内单位的差异很小。

5 题答：

数据分组的方法包括：

根据标志的不同分类，分组标志可选择品质标志和数量标志，故可得到按品质标志分组和数量标志分组的汇总数据。

品质标志分组是指按照反映事物属性的标志分组。例如，按性别、按职业等分组都属于品质分组。按品质标志来分组比较容易划分，有多少个标志表现就划分为多少组。

数量标志分组是指按照某一数量标志，将总体单位划分为若干组。例如，收入、年龄、企业规模等。按数量标志进行分组应注意：不要遗漏任何原始资料所提供的数据；组限和组距尽可能取整数，不要取小数；各组的组距尽可能相等，即尽可能多用等距式分组，少用异距式分组；问卷中回答项目本身就已经分类的，分组就可按其分类进行排列；对某一具体数字，而非区间范围的，应设计出分组，使其在分组的间隔中；使用的组距要使最常出现的答案在中间。

根据分组标志的多少分为简单分组和复合分组。简单分组指只按照一个分组标志进行的分组，我们常见的频数分析就属于利用简单分组资料进行的。复合分组指按照两个或两个以上的分组标志，对总体进行重叠分组，常见的就是两因素或三因素的列联表分析。

6 题答：

从表式上看，统计表是由纵横交叉的线条组成的一种表格，表格包括总标题、横行标题、纵栏标题和指标数值四个部分。总标题是统计表的名称，它扼要地说明表的基本内容，并指明时间和范围。它置于统计表格的正上方。横行标题是横行的名称，一般放在表格的左方；纵栏标题是纵行的名称，一般放在表格的上方。横行标题和纵行标题共同说明填入表格中的统计数字所指的内容。指标数值是列在横行和纵栏的交叉处，即表格中的数字就是指标数值，用来说明总体及其组成部分的数量特征，它是填写在统计表格的核心部分。

从内容上来看，统计表是由主词栏和宾词栏两个部分组成。主词栏是统计表所要说明的总体及其组成部分，一般都列在表的左半部分；宾词栏是统计表用来说明总体数量特征的各个统计指标及其数值，一般都列在统计表的右半部分。

此外，统计表还有补充资料、注解、资料来源、填表单位、填表人等附加内容。

7 题答：

简述数据插补的方法包括：

(1) 推理替代法。指一般通过推理判断确定缺失或不一致数据的方法。

(2) 中性值替代法。一般采用反映变量集中趋势的指标替代，就是对缺失或不一致数据用该变量的中性值来代替的方法，一般中性值包括均值、中位数、众数几种。

(3) 估计值替代法

相近样本值替代。即寻找与该样本单位相近的样本，利用它的取值替代缺失数据。

均值加随机项替代。利用中性值，然后再通过残差的分布获得随机项的估计。

预测值替代。利用相关变量建立回归模型，然后从回归模型中得到预测值来替代缺失数据。

预测值加随机项替代。从回归模型中得到预测值加上随机项来替代缺省数据。

8 题答：

频数分析，指通过对频数分布（次数分布）的分析，了解变量的取值情况，以及其分布特征。

一般通过主菜单 Analyze，下拉菜单 Descriptive Statistics，然后选择 Frequencies，选择具体的选项后得出分析结果。

9 题答：

交叉分析指通过编制交叉列表，同时将两个或两个以上有联系的变量及其变量值交叉排列在一张统计表中，认识多变量的联合分布情况及变量之间相互影响关系的一种统计分析方法。

选择主菜单分析 Analyze，下拉菜单描述性分析 Descriptive Statistics，然后选择交叉列联表 Crosstabs 选择变量及选项，得到交叉分析的结果。

10 题答：

相关分析指从数量方面来研究两种或两种以上变量之间非严格的不确定的依存关系，相关分析主要适用于研究两个定距尺度度量的数值型变量相关性的分析，一般是选择主菜分析 Analyze 下拉菜单相关 Correlate，然后选择双变量相关 Bivariate，选择要进行相关分析的变量及选项实现的。

11 题答：

快速聚类 K-means Cluster，又称逐步聚类，是非系统聚类中最常用的 K－均值聚类，只能适用于对样本进行的 Q 型聚类分析。主要是通过分类菜单中的功能实现的。在数据文件中选择主菜单分析 Analyze 中的聚类 Classify，然后再选择下拉菜单快速聚类 K-means Cluster 选择相应的选项完成快速聚类。

五、分析题

公众统计素养调查问卷部分编码对照表

变量序号	相应问卷题号	变量名称	变量类型	变量含义	变量值及编码
1	Q4.1	Q4.1	数值型	对统计教育体系的了解程度	1　非常熟悉 2　基本了解 3　听说过，但不了解 4　没有听说过
2	Q4.2	Q4.2.1	数值型	对统计教育事业重心放在普通高等教育的认同度	无
3	Q4.2	Q4.2.2	数值型	对统计教育事业重心放在中小学教育的认同度	无
4	Q4.2	Q4.2.3	数值型	对统计教育事业重心放在继续教育的认同度	无
5	Q5	Q5.1	数值型	对搜集数据方法的了解程度	1　非常熟悉 2　基本了解 3　听说过，但不了解 4　没有听说过
6	Q5	Q5.2	数值型	对整理数据方法的了解程度	1　非常熟悉 2　基本了解 3　听说过，但不了解 4　没有听说过
7	Q5	Q5.3	数值型	对整理数据方法的了解程度	1　非常熟悉 2　基本了解 3　听说过，但不了解 4　没有听说过

第八章　市场预测概述

指点迷津

一、学习目的与要求

通过本章学习，学生应该能够：①了解市场预测的含义和作用；②掌握市场预测的原则和原理，学习市场预测的一般内容；③熟悉市场预测的步骤程序，从而对市场预测基本理论有比较系统的认识和了解。

二、本章重点和难点

本章的教学内容不是很多，但有些内容还是应该在教学过程中注意。

1. 在理解和掌握市场预测基本概念术语的基础上，重点掌握市场预测的基本分类、内容和步骤

2. 难点在于对概念、预测原理和原则等“思想”层面的理解；计算方面的重点和难点则是几个预测误差的计算

三、几点说明

1. 市场预测是在市场调查的基础上对未来市场的预计和估测，它与算命、占卜有着本质的不同

2. 市场预测有很多分类和方法，实际应用时应根据研究目的、任务要求以及客观对象的特点来选择科学的预测类型和方法

3. 市场预测的核心内容是市场供应量和需求量，既要预测总量，又要预测结构

4. 市场预测，只是对未来市场的一种估计，与实际情况存在一定差异，因此说预测误差的存在是一种必然。但我们的工作是尽量使误差能够计算并控制在最小范围内

5. 恰当的案例辅佐很有必要

脉络框架

- 市场预测的含义和种类
  - 含义
    - 市场预测要素
      - 信息
      - 方法
      - 分析
      - 判断
    - 市场预测的特征
      - 描述性
      - 服务性
      - 局限性
    - 市场预测与市场调查的关系
    - 市场预测的作用
      - 满足消费需求
      - 资源有效配置
      - 提高企业经济效益
      - 企业经营决策前提
  - 种类
    - 按市场预测范围
      - 宏观市场预测
      - 微观市场预测
    - 按市场预测时间
      - 短期市场预测
      - 近期市场预测
      - 中期市场预测
      - 长期市场预测
    - 按市场预测的空间
      - 国内市场预测
      - 国际市场预测
    - 按市场预测方法
      - 定性市场预测
      - 定量市场预测
    - 按市场预测值的分布状况
      - 点值市场预测
      - 区间市场预测
- 市场预测的基本原理和原则
  - 基本原理
    - 可知性
    - 系统性
    - 服务性
  - 基本原则
    - 连续性原则
    - 类推原则
    - 相关原则
    - 可控制原则
    - 质、量分析结合原则
- 市场预测的内容和基本步骤
  - 内容
    - 市场需求预测
      - 顾客调查与分析预测
      - 市场需求的趋势预测
      - 消费需求倾向的变化趋势预测（四种类型）
      - 消费心理变化趋势分析预测
    - 市场供给预测
    - 市场营销环境预测
      - 市场政治环境预测
      - 市场经济环境预测
      - 市场文化环境预测
    - 市场行情预测
  - 步骤
    - 确定市场预测目的 → 收集与整理资料 → 选择预测方法建立模型 → 确定预测值和估计预测误差 → 提出预测结果报告
    - 确定预测值和估计预测误差
      - 单个预测值误差测定
        - 绝对预测误差
        - 相对预测误差
      - 多个预测值误差测定
        - 平均绝对误差
        - 平均相对误差
        - 方差标准差

习题练兵

一、名词解释

1. 市场预测 2. 定性预测 3. 定量预测 4. 宏观预测
5. 微观预测 6. 需求预测 7. 供给预测 8. 行情预测

二、单项选择题

1. 近期市场预测一般是以（ ）为时间单位。

A. 月 B. 周、旬 C. 3—5 年 D. 5 年以上

2. 以大量历史观察值为主要依据，建立适当数学模型，推断或估计市场未来供给量和需求量是（ ）的特点。

A. 定性市场预测 B. 定量市场预测
C. 宏观市场预测 D. 微观市场预测

3. 市场预测的核心内容是（ ）

A. 市场商品价格的变动 B. 市场占有率预测
C. 生产发展及其变化趋势 D. 市场供应量和需求量

4. （ ）是进行市场预测的首要问题

A. 确定市场预测的目的 B. 调查、收集、整理资料
C. 对资料进行分析 D. 检验预测成果

5. 定性预测与定量预测的主要区别是（ ）

A. 定性预测指预测市场发展趋势，不测算预测值
B. 定性预测应用起来灵活方便
C. 预测依据不同
D. 定量预测法测算预测值

6. 对于无法确定其主要影响因素的市场现象进行预测的最合适的方法是（ ）

A. 定性市场预测
B. 相关回归分析市场预测法
C. 定量市场预测法
D. 时间序列市场预测法

7. 对新产品投放市场的需求量进行预测时，最好用（ ）

A. 定性市场预测
B. 相关回归分析市场预测法
C. 定量市场预测法
D. 时间序列市场预测法

8. 一般而言，平均相对误差在（ ）之间的预测是较为合理的。

A. ±5%　　B. ±10%　　C. ±15%　　D. ±20%

9. 市场预测所需的资料有（　　）两大类

A. 一手资料和现实资料　　B. 二手资料和历史资料

C. 历史资料和二手资料　　D. 一手资料和二手资料

10. 选择适当的预测方法，就是（　　）

A. 选择预测精度最高的方法

B. 选择预测精度最低的方法

C. 根据现象及各种影响因素的特点来选择

D. 选择过程简单，运算量小的预测方法

三、多项选择题

1. 中期市场预测可以（　　）

A. 为企业编制 3—5 年经济发展计划提供重要依据

B. 用于长期影响市场的各种因素的预测

C. 对年度的市场情况作出预测

D. 分析研究市场未来的发展趋势，研究市场发展变化的规律。

2. 按市场预测方法的不同，市场预测可以分为（　　）

A. 定性市场预测　　B. 单项商品预测

C. 商品总量预测　　D. 定量市场预测

3. 市场预测所需的现实资料（　　）。

A. 是预测期以前各观察期的各种有关市场资料

B. 一般是预测者根据需要对市场进行调查的结果

C. 可以是各种调查机构的已有资料

D. 是指进行预测时或预测期内市场及各种因素的资料

4. 市场预测中的价格预测，必须预测（　　）

A. 各种影响价格因素的变动

B. 预测产品的成本

C. 预测产品的利润

D. 商品生产中的劳动生产率水平

5. 消费需求的变化，主要是由（　　）引起的。

A. 生产的发展

B. 居民购买力的提高

C. 消费者消费心理的变化

D. 生产企业经济效益的变化

6. 关于预测误差，以下说法正确的是（　　）

A. 市场预测可以没有误差

B. 市场预测一定会有误差

C. 预测误差过大的预测结果不能使用

D. 存在预测误差就是预测结果不准确

7. 造成市场预测不准确的原因主要有（　　）

A. 市场预测资料的限制

B. 市场现象影响因素的复杂性

C. 市场精度要求过高

D. 预测方法不适当

8. 提高市场预测精度的可能性从根本上说是由（　　）决定的

A. 市场现象存在连续性

B. 市场现象与其他事物的相互联系

C. 市场现象客观上存在的发展变化规律

D. 选择的市场预测方法

9. 市场现象影响因素的复杂性表现在（　　）。

A. 有些因素影响比较间接

B. 有些因素比较偶然，带有很大随机性

C. 有些因素无法取得量化资料或者根本无法量化

D. 影响因素数量巨大

10. 预测方法是否科学，表现在（　　）。

A. 能否充分利用市场预测资料

B. 预测误差是否足够小

C. 方法本身是否具有科学的依据

D. 预测方法的适用性是否得到体现

四、简答题

1. 什么是市场预测？说明市场预测的必要性。
2. 论述市场预测与市场调查的关系。
3. 简述市场预测的类型。
4. 简述市场预测的主要内容。
5. 论述市场预测的基本步骤。

参考答案

一、名词解释（略）

二、单项选择题

1. A　2. B　3. D　4. A　5. C　6. D　7. A　8. A　9. C　10. C

三、多项选择题

1. ABD	2. AD	3. BCD	4. ABCD	5. ABC
6. BC	7. ABD	8. ABCD	9. ABC	10. CD

四、简答题（略）

案例精粹

Pizza Pronto 的市场预测

快速比萨店（Pizza Pronto）是一家在美国中西部 7 个州经营的地区性比萨饼连锁店。该公司打算到顾客中去发现这些顾客在质量方面有何期望，决定实行一项市场调查来提出其顾客怎样定义质量的问题，并为下一步经营做出合理的预测。

[预期目标]

1. 确定顾客满意关键决定因素；

2. 测量当前顾客对那些关键决定因素的满意水平；

3. 确定每一个关键满意决定因素在决定整体满意度时的相对重要性；

4. 为管理者提供关于公司应朝什么方向努力的建议。

[调查分析]

1. 确定顾客满意的关键决定因素的方法

组织了几个顾客焦点小组访谈。分析确定了五个关键决定因素：食品的整体质量、菜单项目的多样性、快速比萨店雇员的友好、物有所值和服务速度。

2. 测量当前顾客对那些关键决定因素的满意水平的方法

对 1200 名随机抽取的个人进行集中定点电话采访。这些人在过去的 30 天内已在一个快速比萨店中购物或进餐（在店中吃或带走）。调查中要收集的关键信息包括：

（1）整体顾客满意等级。以 10 分量表评定快速比萨店的整体顾客满意等级：

1＝最差，10＝最好。

（2）五个关键决定因素顾客满意水平等级：

使用与整体顾客满意等级相同的 10 分量表。

(3) 人口统计特征。

3. 确定每一关键满意决定因素在整体满意度时的相对重要性。

广泛使用了交叉表格和其他传统的统计分析方法，得到：

$$Y=0.48X_1+0.13X_2+0.27X_3+0.42X_4+0.57X_5$$

式中：Y 表示整体顾客满意等级；X_1 表示食品质量等级；X_2 表示菜单多样化等级；X_3 表示雇员友好等级；X_4 表示价值等级；X_5 表示服务速度等级。

在 10 分量表下的整体顾客满意和五个关键决定因素的平均等级为：

$Y=7.3$

$X_1=6.8$　$X_2=7.7$　$X_3=8.4$　$X_4=6.9$　$X_5=8.2$

回归系数为决定整体顾客满意度的不同关键决定因素的相对重要性提供了依据。结果表明：服务速度（0.57）在决定整体顾客满意度时最重要；菜单项目的多样性（0.13）最不重要。

[努力方向]

从表现等级的结构分析可知，顾客认为快速比萨店在雇员的友好上做得最好，其次是服务速度，而在食品的整体质量做得最不好。据此，快速比萨店必须在提高食品的整体质量上采取积极有效的措施。

[趋势预测]

如果快速比萨店在提高食品的整体质量方面的措施实施以后，再进行调查，食品的整体质量的数值则可能增加，同时其他四个关键决定因素相应的数值也会有所变化。在不同的时段多次反复调查之后，就会取得若干组数据，企业可根据得到的数据进行预测分析，并测定预测误差，检验预测结果，修正预测值。

[案例分析]

从上述案例中，我们了解到市场预测的一般步骤。不同的预测，程序的繁简有所不同，但是大致的过程是接近的。一般首先确定市场预测的目的或具体的目标；然后调查、收集、整理市场预测所需的资料，包括历史资料和现实资料等；再然后对资料进行周密分析，选择适当的预测方法；接下来，如果需要的话，建立合理的市场预测模型，根据整理的资料确定预测值，并测定预测误差；最后，检验预测结果，修正预测值。

[案例结论]

科学的预测，要有科学的程序。不同的预测，程序的繁简有所不同，但是一般来讲，程序的过程是接近的。通过上面的案例，可以说明预测的一般过程。

[案例拓展]

如果请你为 Pizza Pronto 做一次市场预测，你会在此案例的基础上做哪些完善？

（案例选自《市场调查与预测》. 胡穗华，张伟今，谢虹 主编，中山大学出版社 2006 年）

第九章　定性市场预测法

指点迷津

一、学习目的与要求

通过本章学习，掌握最常用的定性市场预测法，包括个人判断法、集体判断法、专家会议法、先行指标预测法、联测法、转导法和类推法等的含义与特点。掌握德尔菲法（专家调查法）的由来、特点及其预测步骤。掌握情景预测法的由来、特点、预测原理和预测步骤，并能灵活运用这些方法进行市场预测。

二、本章重点

1. 集体判断法与个人判断法的比较
2. 集体判断法的预测数据的处理
3. 专家会议法的概念、特点及类型
4. 专家会议法应注意的问题
5. 联测法与转导法的含义及其预测模型设定
6. 德尔菲法的特点
7. 德尔菲法征询结果的统计处理方法
8. 情景预测法的特点
9. 情景预测法预测原理及步骤

三、本章难点

1. 集体判断法各部分预测人员预测值发生概率的确定与权数的确定
2. 专家会议法专家的选择问题
3. 联测法与转导法预测模型构建
4. 德尔菲法征询结果的统计处理方法
5. 情景预测法预测原理及步骤

脉络框架

- 定性预测法
  - 直观判断预测法
    - 概念和特点
    - 种类
      - 个人判断法 概念与特点
      - 集体判断法 概念、特点；预测案例及步骤
      - 专家会议法
        - 概念、特点
        - 头脑风暴法
        - 交锋式会议法
        - 混合式会议法
        - 预测案例及步骤
        - 注意的问题
      - 先行指标预测法
        - 概念、特点
        - 先行指标的选择
        - 局限性
      - 联测法 概念、特点；预测案例及步骤
      - 转导法 概念，预测模型为：$\hat{Y}=X(1\pm K)\cdot q_1\cdot q_2\cdots q_n$
      - 类比法 概念、种类
  - 德尔菲法
    - 由来
    - 特点
      - 匿名性
      - 反馈性
      - 集中性
      - 统计性
    - 预测原理和步骤
  - 情景预测法
    - 由来
    - 特点
      - 使用范围广，不受任何条件限制
      - 考虑全面，应用灵活
      - 定性定量分析相结合，可提供主、客观结合的未来情景
      - 能及时发现难题，采取行动消除或减轻其影响
    - 预测原理和步骤

习题练兵

一、名词解释

1. 定性市场预测法 2. 直观判断预测法 3. 个人判断法 4. 集体判断法
5. 主观概率法 6. 专家会议法 7. 先行指标预测法 8. 联测法
9. 转导法 10. 类推法 11. 德尔菲法 12. 情景预测法

二、填空题

1. 个人判断法是以预测者的________和________为基础，对预测对象未来的发展趋势及状态作出个人判断的方法。

2. 集体判断法较之个人判断法，可以避免单凭个人经验进行预测而产生的__________。

3. 主观概率法是人们凭经验或预感而估算出来的______来测算其可能事件的

______，从而计算综合预测值的方法。

4. 联测法是以某个企业的________或某一地区的________资料为基础，进行分析、判断、联测，确定某一行业以至整个市场的预测值。

5. 转导法是以________所得的某项经济指标预测值为基础，依据该指标与预测目标间相关比率的资料，转导出预测指标的一种方法。

6. 类推法可以分为______类推预测、______类推预测、______类推预测三种。

7. 德尔菲法通过________及有控制的信息反馈，以使专家们进行有组织的______的思想交流，其目的是消除或减少面对面会议的缺陷。

8. 德尔菲法是将预测的问题和背景材料编成一种调查表，用______方式给专家的多轮函询调查。

9. 情景预测法是一种新兴的预测法，又称______、______。

10. 情景预测法的一般方法：______、______、______。

三、单项选择题

1. 德尔菲法给专家的有关材料是用下列哪种方式（　　）。

A. 信函　　B. 电话　　C. 会议　　D. 电报

2. 类推法适用的预测有（　　）。

A. 旧产品预测　　B. 新产品预测　　C. 宏观市场预测　　D. 微观市场预测

3. 集体判断法各方案期望值的计算公式为（　　）。

A. $E=\sum_{i=1}^{n}(X_i \cdot P_i)$　　B. $E=X_i \cdot P_i$

C. $E=\dfrac{\sum_{i=1}^{n}X_i \cdot P_i}{X_I}$　　D. $E=\dfrac{\sum_{i=1}^{n}X_i \cdot P_i}{P_i}$

4. 质疑式头脑风暴法是对下列哪种方法的改进（　　）。

A. 交锋式会议法　　B. 联测法　　C. 头脑风暴法　　D. 类推法

5. 下列属于先行指标的是（　　）。

A. 城镇居民个人收入　　B. 单位产品成本

C. 抵押贷款利息　　D. 企业技改投资的增加

6. 类推结果存在非必然性，运用类推预测法需要注意类别对象之间的（　　）。

A. 差异性　　B. 相似形　　C. 同一性　　D. 可比性

四、多项选择题

1. 下列预测方法属于直观判断预测法的有（　　）。

A. 个人判断法　　B. 集体判断法　　C. 移动平均法　　D. 转导法

2. 专家会议预测法的类型有（　　）。

A. 头脑风暴法　　B. 交锋式会议法　　C. 混合式会议法　　D. 转导法

3. 根据预测目标和市场范围的不同，类推法可以分为（　）。

A. 产品类推预测　　　　B. 联测类推预测

C. 地区类推预测　　　　D. 行业类推预测

4. 情景分析法与管理学中的（　）等有相同或相近的内容。

A. 头脑风暴法　　B. 设想未来法　　C. 案例法　　D. 未来案例法

5. 情景分析法的特点有（　）

A. 使用范围很广，不受任何条件限制，只要对未来的分析都可使用

B. 考虑较全面，应用起来灵活

C. 通过定性定量分析相结合，为决策者提供主、客观相结合的未来情景

D. 能及时发现未来可能出现的难题，以便采取行动消除或减轻其影响

6. 情景预测法的一般方法有（　）。

A. 未来分析法　　B. 主观概率法　　C. 目标展开法　　D. 间隙分析法

五、简述题

1. 简述集体判断法的预测步骤。
2. 运用专家会议法应注意的问题有哪些？
3. 简述专家会议预测法的预测步骤。
4. 简述先行指标的选择问题。
5. 头脑风暴法对专家的要求有哪些？
6. 简述德尔菲法的预测原理和步骤。
7. 情景预测法有何特点？
8. 简述情景分析法的步骤。

六、计算题

1. 某公司为预测明年电脑销售量，要求三位经理、三个职能部门（计划部、财务部、商务部）以及销售部的 5 名业务员分别作出销售预测如表 9－1 至 9－3 所示。

表 9－1　经理预测情况表

单位：台

经理	销售估计值						期望值	权数
	高	概率	中	概率	低	概率		
A	18000	0.2	16000	0.6	13000	0.2		0.5
B	20000	0.3	18000	0.4	16000	0.3		0.3
C	16000	0.3	15000	0.5	14000	0.2		0.2

表 9—2　部门预测情况表

单位：台

部门	销售估计值						期望值	权数
	高	概率	中	概率	低	概率		
计划	15000	0.2	13000	0.6	12000	0.2		0.3
财务	16000	0.3	14000	0.5	13000	0.2		0.3
商务	19000	0.1	17000	0.5	15000	0.4		0.4

表 9—3　业务员预测情况表

单位：台

业务员	销售估计值						期望值	权数
	高	概率	中	概率	低	概率		
A	14000	0.3	12000	0.5	11000	0.2		0.2
B	14000	0.1	13000	0.6	12000	0.3		0.3
C	13000	0.2	12000	0.6	11000	0.2		0.1
D	13000	0.2	12000	0.5	10000	0.3		0.2
E	12000	0.1	11000	0.7	10000	0.2		0.2

试根据上述资料用集体判断法预测该公司明年电脑销售量。

2. 某建筑公司承建位于某市的商住楼的主体结构工程（框剪结构）的 H 工程施工，建筑面积 20000m^2，20 层，工期 2007 年 1 月至 2008 年 2 月。公司在施工之前将进行 H 工程的成本预测工作。试采用专家会议法预测成本。已知该公司召开由本公司的 9 位专业人员参加的预测会议，预测 H 工程的成本。各位专家的意见分别为：1200、1250、1100、1050、1150、1400、1350、1300、1500（单位：元/m^2）。由于结果相差较大，经反复讨论，意见集中在 1200（3 人）、1300（4 人）、1400（3 人），试预测 H 工程的成本。

3. 某电脑公司为开拓四城市电脑市场，拟用联测法预测此四城市未来一年居民家庭对电脑的需求量。设 2022 年四城市实际销量如表 9—4 所示，表中 X_1，X_2，X_3，X_4 分别代表四个城市。

表 9—4　2022 年四城市电脑销量

城市代号	X_1	X_2	X_3	X_4
实际销售量（台）	5000	6500	4800	5400
居民家庭（万户）	8	10	7.5	9
销售率（台/户）	0.0625	0.065	0.064	0.060

4. 某品牌空调生产厂拟预测未来一年在当地市场上的销售额，设当地最近一年商品销售总额为42亿元，增长速度为15%，经调查，空调销售额占商品销售额的比重为5%，该厂在空调市场中的市场占有率为20%。

5. 某公司为掌握市场动态，从而指导公司经营决策，聘请了15位专家，对某型号微波炉投放市场后的年销售量，采用德尔菲法进行预测，通过四轮征询，得出第四轮结果如表9—5所示。

表9—5　某型号微波炉年销售量专家预测分析表

单位：台

专家小组成员	第四轮专家征询结果		
	最高销售量	最可能销售量	最低销售量
1	900	600	480
2	900	770	500
3	700	600	400
4	860	600	450
5	600	500	220
6	1000	800	600
7	800	600	440
8	700	600	400
9	700	500	330
10	720	600	350
11	900	720	500
12	800	600	400
13	800	700	500
14	840	700	550
15	900	800	660

6. 道路运输需求预测作为制定道路运输规划的核心，是道路运输业制定发展战略、编制行业规划的基本依据，已成为规划编制工作中的一个重要步骤。运输需求涉及的因素较多且具有不确定性。近年随着我国经济持续快速增长、道路运输业市场化、区域经济一体化进程的进一步加快，未来时期道路运输业也面临着激烈变动，将呈现出区域交通一体化、运输能力大飞跃、运输结构大调整等新局面。请用情景预测法对某市道路省际客运需求进行分析。

参考答案

一、名词解释（略）

二、填空题

1. 知识　　经验
2. 主观片面性
3. 概率　　期望值
4. 普查资料　　抽样调查
5. 间接调查
6. 产品　　行业　　地区
7. 征询调查　　匿名
8. 信函
9. 脚本法　　前景描述法
10. 未来分析法　　目标展开法　　间隙分析法

三、单项选择题

1. A　　2. B　　3. A　　4. C　　5. D　　6. A

四、多项选择题

1. ABD　　2. ABC　　3. ACD　　4. ABCD　　5. ABCD　　6. ACD

五、简述题

1 题答：

第一步：预测组织者根据公司所处环境条件及经营策略向参与预测人员的部门提出预测费用和预测期限要求，并提供预测所需资料、信息；第二步：参与预测的人员和部门根据要求及掌握的资料信息凭个人经验和分析判断能力，提出各自的预测方案；第三步：预测组织者计算各预测方案的期望值；第四步：将参与预测的有关人员分类，并对各类人员的预测方案进行综合；第五步：将各类人员的综合预测值加以综合；第六步：确定最终预测值。以企业综合预测值为基础并根据市场诸因素的影响，作出适当调整，确定最终预测值。

2 题答：

（1）选择合适的专家。专家选择的是否恰当，直接影响预测质量。因此，应特别重视专家的选择，一般应根据研究的项目，专业领域等进行选择。（2）确定专家的数目。专家数目的多少主要取决于所研究问题的复杂程度和涉及面的大小等。一般专家人数以 10 人左右为宜。(3) 如何让专家把意见充分发表出来。

3 题答：

第一步：邀请专家参加会议，被邀请的专家人数以 10 人左右为宜；第二步：会议召集人提出题目及各种可行方案，让专家们充分发表意见；第三步：会议召集人为专家们提供良好的畅谈氛围，使专家们能够敞开思想无拘无束，畅所欲言，各抒己见，自由讨论；第四步：会议结束后，召集人对各种方案进行比较、评价归类，最后确定预测方案。

4 题答：

(1) 从企业决策形成角度选择先行指标；(2) 从企业生产条件角度选择先行指标；(3) 从企业环境约束角度选择先行指标。

5 题答：

(1) 如果应邀的专家彼此相互认识，就要从同一职位（职称和职务）的人员中挑选，领导者不应参加；(2) 如果应邀的专家彼此互不认识，就要从不同职位（职称和职务）的人员中挑选，但禁止宣布参加者的职位；(3) 选择专家不仅需看其经验、知识，还要看其是否善于表达自己的意见；(4) 参加会议的专家数目一般 10—15 人为好，人数太多或太少，都不利于思维激发，以致问题讨论得不够深入；(5) 对专家的要求主要有：讨论的问题不宜太小，得附加各种约束条件；强调提新奇设想，越新奇越好；提出的设想越多越好；鼓励结合他人的设想提出新设想；不允许私下交谈，不得宣读事先准备好的发言稿；与会者不论职位高低，一律平等相待；不允许对提出的创造性设想作判断性结论；不允许批评或指责别人的设想；不得以集体或权威意见的方式妨碍他人提出的设想；提出的设想不分好坏，一律记录下来。

6 题答：

德尔菲法通过征询调查及有控制的信息反馈，以使专家们进行有组织的匿名的思想交流，其目的是消除或减少面对面会议的缺陷。把一系列关于未来的问题和“事件说明”印发给专家，请他们各自作出预测，这些答复经分析后再交给专家，请他们给出他们的预测理由。利用通信工具提供了一轮一轮的征询调查表和反馈信息，并能进一步诱导出新的信息以改进原先的预测。其预测步骤如下：第一步：准备阶段，成立预测小组，确定专家名单，发出邀请，准备与预测内容相关的背景材料，提出预测内容和要求；第二步：征询阶段，征询阶段一般有三至四轮反复；第三步：数据处理阶段，对专家预测意见还须进行统计处理，才能得到最终预测值，其方法主要有三种：算术平均法、几何平均法、中位数法和上下四分位数法；第四步：预测报告写作阶段，对专家几轮的意见进行汇总整理、统计分析，最后将比较集中的意见整理成为预测结果，写出预测报告书。

7 题答：

(1) 使用范围很广，不受任何条件限制，只要对未来的分析都可使用；(2) 考虑较全面，应用起来灵活；(3) 通过定性定量分析相结合，为决策者提供主、客观相结合的未来情景；(4) 能及时发现未来可能出现的难题，以便采取行动消除或减轻其影响。

8 题答：

第一步：确定预测主题。即根据预测对象确定预测主题；第二步：根据预测主题，收集并分析资料；第三步：寻找影响主题的环境因素及影响程度；第四步：归纳各种影响因素；第五步：预测。

六、计算题

1 题解：

第一步：预测组织者根据公司所处环境条件及经营策略向参与预测人员的部门提出预测费用和预测期限要求，并提供预测所需资料、信息。

第二步：参与预测的人员和部门根据要求及掌握的资料信息凭个人经验和分析判断能力，提出各自的预测方案。假设预测结果如表 9—6 至表 9—8 所示。

表 9—6　经理预测情况表

单位：台

经理	销售估计值						期望值	权数
	高	概率	中	概率	低	概率		
A	18000	0.2	16000	0.6	13000	0.2	15800	0.5
B	20000	0.3	18000	0.4	16000	0.3	18000	0.3
C	16000	0.3	15000	0.5	14000	0.2	15100	0.2

表 9—7　部门预测情况表

单位：台

部门	销售估计值						期望值	权数
	高	概率	中	概率	低	概率		
计划	15000	0.2	13000	0.6	12000	0.2	13200	0.3
财务	16000	0.3	14000	0.5	13000	0.2	14400	0.3
商务	19000	0.1	17000	0.5	15000	0.4	16400	0.4

表 9—8　业务员预测情况表

单位：台

业务员	销售估计值						期望值	权数
	高	概率	中	概率	低	概率		
A	14000	0.3	12000	0.5	11000	0.2	12400	0.2
B	14000	0.1	13000	0.6	12000	0.3	12800	0.3
C	13000	0.2	12000	0.6	11000	0.2	12000	0.1
D	13000	0.2	12000	0.5	10000	0.3	11600	0.2
E	12000	0.1	11000	0.7	10000	0.2	10900	0.2

第三步：预测组织者计算各预测方案的期望值。

各方案期望值等于各种可能状态估计值与其概率值乘积之和，计算公式为：

$$E=\sum_{i=1}^{n}(X_i \cdot P_i)$$

n——可能出现销售状态的种数；E——期望值；X_i——i 种状态下的销售估计值；P_i——i 种状态下的概率估计值。

如计算 A 经理预测方案的期望值为：

$E=18000\times0.2\times16000\times0.6+13000\times0.2=15800$（台）

其他期望值的计算结果见表 1 至表 3 所示。

第四步：将参与预测的有关人员分类，并对各类人员的预测方案进行综合。由于各类人员的经验丰富程度不同及所处角度不同，因此，可以对各预测方案的期望值给予不同的权数，即用加权平均数进行综合。

综合预测值的计算公式为：

$$\hat{Y}=\sum_{i=1}^{n}E_i \cdot W_i$$

式中：$\hat{Y}$ 表示各类预测人员的综合预测值；E_i 表示某类人员中第 i 位方案的期望值；W_i 表示某类人员中第 i 位方案的权数；n 表示某类人员的人数。

根据表 9－1 至表 9－3 中给定的权数及期望值，则各类人员综合预测值分别为：

$\hat{Y}_1=158000.5+18000\times0.3+15100\times0.2=16320$（台）

$\hat{Y}_2=13200\times0.3+14400\times0.3+16400\times0.4=14840$（台）

$\hat{Y}_3=12400\times0.2+12800\times0.3+12000\times0.1+11600\times0.2+10900\times0.2=12020$（台）

第五步：将各类人员的综合预测值加以综合。

本例中，可采用加权平均法对三类人员的预测值进行综合，设经理类人员权数为 0.5、职能部门类权数为 0.3、业务人员类权数为 0.2，则企业综合预测值为：

$16320\times0.5+14840\times0.3+12020\times0.2=15016$（台）

第六步：确定最终预测值。以企业综合预测值为基础并根据市场诸因素的影响，作出适当调整，确定最终预测值。本例中对预测值 15016 是否调整视具体影响因素而定。

2 题解：

采用加权算术平均数法综合预测成本为：

$1200\times3+1300\times4+1400\times3/10=1300$（元/$m^2$）

3 题解：

第一步：在四城市中选定某一具有代表性城市进行抽样调查，假设选择 X_1 城市，经调查得到以下资料，X_1 城市 2007 年每 100 户对电脑的需求量为 9 台。即需求率为 0.09。

第二步：联测其他城市的电脑需求率

假设影响四城市电脑需求的各因素大体相同，则两城市销售率之比近似此两城市需求率之比。设 C_1 表示销售率；D_1 表示需求率($i=1$、2、3、4)。则有如下比例关系：

$$\frac{C_1}{C_2}=\frac{D_1}{D_2}$$

$$D_2=\frac{D_1\cdot C_2}{C_1}=\frac{0.09\times0.065}{0.0625}=0.0936$$

同理有：$D_3=\dfrac{D_1\cdot C_3}{C_1}=\dfrac{0.09\times0.064}{0.0625}=0.0922$

$$D_4=\frac{D_1\cdot C_4}{C_1}=\frac{0.09\times0.06}{0.0625}=0.0864$$

第三步：由各城市需求率推算出各城市需求量为：

X_1 城市需求量=0.09×8000=7200（台）

X_2 城市需求量=0.0936×100000=9360（台）

X_3 城市需求量=0.0922×25000=6915（台）

X_4 城市需求量=0.0864×90000=7776（台）

4 题解：

根据这些资料用转导法预测如下：

$\hat{Y}$ =420000×（1+15%）×0.2×0.05=4830（万元）

5 题解：15 位专家的最高销售量、最可能销售量、最低销售量的预测值的平均值见表 9—9。

表 9—9　某型号微波炉年销售量专家预测分析表

单位：台

专家小组成员	第四轮专家征询结果		
	最高销售量	最可能销售量	最低销售量
1	900	600	480
2	900	770	500
3	700	600	400
4	860	600	450
5	600	500	220
6	1000	800	600
7	800	600	440
8	700	600	400
9	700	500	330
10	720	600	350
11	900	720	500
12	800	600	400
13	800	700	500
14	840	700	550
15	900	800	660
合计	12120	9690	6780
平均值	808	646	452

方法一：运用算术平均法

$$最高销售平均值=\frac{12120}{15}=808$$

$$最可能销售平均值=\frac{9690}{15}=646$$

$$最低销售量平均值=\frac{6780}{15}=452$$

然后，采用加权平均法对三个平均值进行综合，给定最高销售量权数为 0.3；最可能销售量权数为 0.5；最低销售量权数为 0.2，则综合预测值为：

$$808\times0.3+646\times0.5+452\times0.2=656（台）$$

即微波炉在市场上的年销售量为 656 台。

方法二：运用中位数法

求中位数项数的公式为：

$$M_a=\frac{n+1}{2}$$

式中 M_a 表示中位数的项数，n 表示求中位数的数据个数。

将各组判断数据分别按其数值大小进行排列为：

最高销售量：1000，900，860，840，800，720，700，600。

$$M_a=\frac{8+1}{2}=4.5$$

即中位数位于第 4 项和第 5 项之间，即：

$$中位数值=\frac{840+800}{2}=820$$

最可能销售量：800，770，720，600，500。

$$M_a=\frac{5+1}{2}=3$$

即中位数位于第三项，中位数值为 720。

最低销售量：660，600，550，500，480，450，440，400，350，330，200

$$M_a=\frac{11+1}{2}=6$$

即中位数位于第 6 位，中位数值为 450。

按方法一中的权数计算，综合预测值为：

$$820\times0.3+720\times0.5+450\times0.2=696（台）$$

即微波炉在市场上的年销售量为 696 台。

6 题解：

第一步：确定预测主题

可选择某市未来五年道路省际旅客运输需求为预测对象，预测主题为某市道路省际班线客运量。

第二步：确定主要影响因素

分析和预测某市道路省际旅客运输量需要以分析旅客运输发展状况为着眼点，而道路省际旅客运输受多种因素的影响，主要体现在运输需求的数量变化、质量变化、方向及范围发展等四个层面上。经分析可确定，某市道路省际旅客运输发展影响因素主要包括：①社会经济发展；②道路旅客运输服务效率；③其他旅客运输方式的影响（或道路旅客运输在综合运输中的地位）；④区域经济联系；⑤城镇化进程和新的城市总体规划等方面。

第三步：因素影响分析

对以上各因素与运输业需求的关系进行分析。

第四步：情景分析预测

利用情景分析的方法，根据近年该市各种省际旅客运输发展趋势，结合上述该市旅客运输影响因素分析，可按可持续发展、传统发展和危机发展等三种方案对道路省际运输进行情景方案的描述，根据前述不同情景下道路省际客运的需求特征和发展趋势，结合当前该市道路省际客运发展的现状，进行分析预测。

第十章　时间序列市场预测法

指点迷津

一、学习目的与要求

通过本章的学习，要求学生掌握各种时间序列预测方法的概念、适用条件及预测步骤，并能根据各种历史资料，在定性分析的基础上，选用不同的预测方法，建立预测模型，对预测目标进行预测。

二、本章重点

1. 长期趋势预测法的两个假设前提
2. 直线模型预测法中，为简化计算，对时间 t 的取值方法
3. 各种模型预测法的适用条件及模型建立
4. 二次曲线模型预测法系数推算方法中三点法的基本思想
5. 指数曲线模型预测法系数推算方法中最小平方法的基本思想
6. 龚珀兹模型预测法系数推算方法中三和法的基本思想
7. 移动平均法的概念、种类和基本思想
8. 移动平均法跨越期的确定方法
9. 一次移动平均法与二次移动平均法的联系与区别
10. 指数平滑法与移动平均法的联系与区别
11. 指数平滑法的特点、初始值和 α 的取值问题
12. 直接平均季节指数法的预测步骤
13. 移动平均数季节指数法的预测步骤
14. 各种预测方法的 EXCEL 软件处理技术

三、本章难点

1. 各类模型预测法中系数推算方法中最小平方法的基本思想
2. 二次曲线模型预测法系数推算方法中三点法的基本思想
3. 二次曲线模型预测法系数计算公式

4. 龚珀兹曲线模型预测法系数计算公式
5. 皮尔模型预测法系数计算公式
6. 如何根据时间序列选择预测模型
7. 移动平均法跨越期的确定方法
8. 指数平滑法初始值和 α 值的确定
9. 移动平均数季节指数法的预测步骤
10. 龚珀兹曲线模型预测法与皮尔模型预测法的异同
11. 移动平均法与指数平滑法的联系与区别

四、其他有关说明

本章的教学要注重各种方法的对比介绍，强调每种方法的适用条件，尤其是用散点图识别法和阶差识别法来判别应该拟合的模型。教学中多用对比法和案例教学法。

脉络框架

- 时间序列预测法
  - 长期趋势预测法
    - 直线模型预测法
    - 曲线模型预测法
      - 二次曲线模型预测法
      - 指数曲线模型预测法
      - 龚珀兹曲线模型预测法
      - 皮尔模型预测法
  - 移动平均法
    - 一次移动平均法
      - 基本原理
      - 主要特点
      - 预测模型：$\hat{y}_{t+1}=M_t^{(1)}=\dfrac{X_t+X_{t-1}+\cdots+X_{t-n+1}}{n}=\dfrac{1}{n}\sum\limits_{i=t-n+1}^{t}X_t$
    - 二次移动平均法
      - 基本原理
      - 预测模型：$M_t^{(2)}=\dfrac{M_t^{(1)}+M_{t-1}^{(1)}+\cdots+M_{t-n+1}^{(1)}}{n}=\dfrac{1}{n}\sum\limits_{t-n+1}^{t}M_i^{(1)}$；$\hat{y}_{t+T}=a_t+b_tT$
      - 参数计算：$a_t=2M_t^{(1)}-M_t^{(2)}$；$b_t=\dfrac{2}{n-1}(M_t^{(1)}-M_t^{(2)})$
  - 指数平滑法
    - 一次指数平滑法
      - 基本原理
      - 预测模型：$s_t^{(1)}=\alpha y_t+(1-\alpha)s_{t-1}^{(1)}$；$\hat{y}_{t+1}=\alpha y_t+(1-\alpha)\hat{y}_t$
      - α值和初始值的确定问题，优越性与局限性问题
    - 二次指数平滑法
      - 基本原理
      - 预测模型：$S_t^{(2)}=\alpha S_t^{(1)}+(1-\alpha)S_{t-1}^{(2)}$；$\hat{y}_{t+T}=a_t+b_tT$
      - 参数计算：$\begin{cases}a_t=2s_t^{(1)}-s_t^{(2)}\\ b_t=\dfrac{\alpha}{1-\alpha}\left[s_t^{(1)}-s_t^{(2)}\right]\end{cases}$

- 季节指数法
  - 直接平均季节指数法
    - 概念
    - 适用范围
    - 预测步骤及主要计算公式
    - 各年同月或同季观察值的平均值 A_t
    - 历年所有月份或季度的总平均值 B
    - 季节指数 $S_t=\dfrac{A_t}{B}$
    - 调整后的季节指数 $\hat{S}_t=S_t\times k$
    - 预测值 $\hat{X}_t=\hat{X}\times S_t$ 或 $\hat{X}_t=\hat{X}\times\hat{S}_t$
  - 移动平均数季节指数法
    - 概念
    - 适用范围
    - 特点
    - 预测步骤及主要计算公式

长期趋势预测法对比表

种类	适用条件	预测模型	系数估计公式
直线模型预测法	一阶差分近似为一常数；散点图基本呈线性趋势	$\hat{Y}_t=a+bt$	$\begin{cases} b=\dfrac{n\sum tY_t-\sum t\sum Y_t}{n\sum t^2-(\sum t)^2} \\ a=\dfrac{\sum Y_t}{n}-b\dfrac{\sum t}{n}\end{cases}$
二次曲线模型预测法	二阶差分近似为一个常数；图形是一个弯曲向上凹或向下凹的曲线，即由高而低再升高，或由低而高再降低的趋势	$\hat{y}_t=a+bt+ct^2$	五项加权平均时，系数的计算公式为： $\hat{c}=\dfrac{2(R+T-2S)}{(n-5)^2}$ $\hat{b}=\dfrac{T-R}{n-5}-\dfrac{3n+7}{3}\hat{c}$ $\hat{a}=R-\dfrac{11}{3}\hat{b}-\dfrac{121}{9}\hat{c}$ 三项加权平均时，系数的计算公式为： $\hat{c}=\dfrac{2(R+T-2S)}{(n-3)^2}$ $\hat{b}=\dfrac{T-R}{n-3}-\dfrac{3n+5}{3}\hat{c}$ $\hat{a}=R-\dfrac{7}{3}\hat{b}-\dfrac{49}{9}\hat{c}$
指数曲线模型预测法	逐期增减率大体相同，即一次比率为一个常数	$\hat{y}_t=ab^t$ $\lg\hat{y}_t=\lg a+t\lg b$	$\begin{cases}\lg\hat{a}=\dfrac{\sum \lg y_t}{n} \\ \lg\hat{b}=\dfrac{\sum t\lg y_t}{\sum t^2}\end{cases}$

续表

种类	适用条件	预测模型	系数估计公式
龚珀兹曲线模型预测法	初期增长速度缓慢，随后增长速度逐渐加快，达到一定程度后又逐渐减慢，最后达到饱和状态的趋势；对数的一阶差分的环比为一个常数	$\hat{y}_t = ka^{b^t}$ $\lg\hat{y}_t = \lg k + b^t \lg a$	$\begin{cases} b = \sqrt[n]{\dfrac{\sum_3 \lg y - \sum_2 \lg y}{\sum_2 \lg y - \sum_1 \lg y}} \\ \lg a = (\sum_2 \lg y - \sum_1 \lg y)\dfrac{b-1}{(b^n-1)^2} \\ \lg k = \dfrac{1}{n}(\sum_1 \lg y - \lg a \dfrac{b^n-1}{b-1}) \end{cases}$
皮尔模型预测法	初期增长速度缓慢，随后增长速度逐渐加快，达到一定程度后又逐渐减慢，最后达到饱和状态的趋势；倒数的一阶差分的环比为一个常数	$\hat{y}_t = \dfrac{1}{k+ab^t}$ $\dfrac{1}{\hat{y}_t} = k + ab^t$	$b = \sqrt[n]{\dfrac{\sum_3 \dfrac{1}{y_t} - \sum_2 \dfrac{1}{y_t}}{\sum_2 \dfrac{1}{y_t} - \sum_1 \dfrac{1}{y_t}}}$ $a = (\sum_2 \dfrac{1}{y_t} - \sum_1 \dfrac{1}{y_t})\dfrac{b-1}{(b^n-1)^2}$ $k = \dfrac{1}{n}(\sum_1 \dfrac{1}{y_t} - a\dfrac{b^n-1}{b-1})$

习题练兵

一、名词解释

2. 长期趋势预测法　2. 直线趋势预测法　3. 二次曲线模型预测法
4. 指数曲线模型预测法　5. 龚珀兹模型预测法　6. 皮尔模型预测法
7. 移动平均预测法　8. 一次移动平均预测法　9. 二次移动平均预测法
10. 指数平滑法　11. 一次指数平滑法　12. 二次指数平滑法
13. 季节指数法　14. 直接平均季节指数法　15. 移动平均季节指数法

二、填空题

1. 直线模型预测法适用于时间序列的一阶差分近似为__________，或散点图________。

2. 直线模型预测法系数的推算有________和________。

3. 二次曲线模型________差分近似为一个常数。

4. 指数曲线模型________近似为一个常数。

5. 皮尔曲线又称之为________。

6. 三和值法（又叫三段法）是将时序分成相等的三个______，分别求出每一间距内各期________，然后，利用三个间距时序值的和计算______的方法。

7. 移动平均预测法是________中的一种预测方法。是采用________的方法，计算一系列________，把每期平均数作为下一期预测值的方法。

8. 一次移动平均预测法直接用最近期的__________平均值作为__________的预测值，使其预测值明显地存在__________。

9. 二次移动平均预测法适用于时间序列数据呈现__________变化的预测。

10. 二次移动平均预测法是对一次移动平均值再进行移动平均，并根据______、一次移动平均值和二次移动平均值之间的______关系，建立预测模型进行预测的方法。

11. 直接平均季节指数法适用于__________长期趋势变动的预测目标的预测。

12. 移动平均季节指数法适用于__________长期趋势变动的预测目标的预测。

三、单项选择题

1. 直线模型预测法系数的计算公式为（　　）。

A. $b=\dfrac{n\sum tY_t-\sum t}{n\sum t^2-(\sum t)^2}$　　B. $b=\dfrac{n\sum tY_t-\sum t\sum Y_t}{n\sum t^2-(\sum t)^2}$

$a=\dfrac{\sum Y_t}{n}-b\dfrac{\sum t}{n}$　　$a=\dfrac{\sum Y_t}{n}-b\dfrac{\sum t}{n}$

C. $b=\dfrac{n\sum tY_t-\sum t}{n\sum t^2-(\sum t)^2}$　　D. $b=\dfrac{n\sum tY_t-\sum t\sum Y_t}{\sum t^2-(\sum t)^2}$

$a=\dfrac{\sum Y_t}{n}-b\dfrac{1}{n}$　　$a=\dfrac{\sum Y_t}{n}-b\dfrac{\sum t}{n}$

2. 多项式曲线模型中最简单的一种曲线模型是（　　）。

A. 二次曲线模型　B. 四次曲线模型　C. 双曲线　D. 三次曲线模型

3. 拟合龚珀兹曲线模型要求时间序列资料的变动趋势是（　　）。

A. 初期增速快，随后增速逐渐缓慢，达到一定程度后又逐渐加快，最后达到饱和状态

B. 初期增速缓慢，随后增速逐渐加快，最后达到饱和状态

C. 初期增速缓慢，随后增速逐渐加快，达到一定程度后又逐渐减慢，最后达到饱和状态

D. 初期增速快，随后增速逐渐缓慢，达到一定程度后又逐渐加快

4. 时间序列对数的一阶差分的环比为一个常数适合拟合的预测模型是（　　）。

A. 二次曲线模型　B. 指数曲线模型

C. 皮尔曲线模型　D. 龚珀兹曲线模型

5. 时间序列倒数的一阶差分的环比为一个常数适合拟合的预测模型是（　　）。

A. 二次曲线模型　B. 指数曲线模型

C. 皮尔曲线模型　D. 龚珀兹曲线模型

6. 指数平滑预测方法是一种特殊（　　）。

A. 加权移动平均法　　B. 简单移动平均法

C. 直接平均季节指数法　　D. 移动平均季节指数法

7. 指数平滑法中的 α 值是一个可调节的权数值，它的取值范围为（　　）。

A. $0\leqslant\alpha<1$　B. $0<\alpha\leqslant1$　C. $0<\alpha<1$　D. $0\leqslant\alpha\leqslant1$

8. 季节指数预测法一般要求预测者掌握至少按月（季）编制的预测变量的时间序列资料为（　　）。

A. 2 年　B. 2 年以上　C. 3 年　D. 3 年以上

四、多项选择题

1. 拟合二次曲线模型要求时间序列资料的变动趋势是（　　）。

A. 由高而低再升高　　B. 由低而高再降低

C. 由高而低　　D. 由低而高

2. 一次移动平均预测法的主要特点有（　　）。

A. 预测结果具有就近性　　B. 预测结果具有远期性

C. 跨越期具有固定性　　D. 平均数的计算具有移动性

3. 根据是否考虑预测对象的长期趋势，可以将季节指数预测法分为（　　）。

A. 直接平均季节指数法　　B. 移动平滑季节指数法

C. 直接平滑季节指数　　D. 移动平均季节指数法

4. 一次指数平滑法的 EXCEL 软件处理的顺序是（　　）。

A. 【工具】　B. 【数据分析】　C. 【数据】　D. 【指数平滑】

5. 二次曲线模型预测法系数的计算公式可由三点法推算得到，其系数计算公式有（　　）。

A. 3 项加权平均　B. 4 项加权平均　C. 5 项加权平均　D. 6 项加权平均

五、简述题

1. 什么是长期趋势预测法？并简述它的两个假设前提。
2. 简述直线趋势预测法中，为简化计算，对时间 t 的取值有哪些方法。
3. 简述直线模型预测法的特点。
4. 简述二次曲线模型预测法系数推算方法中三点法的基本思想。
5. 简述指数曲线模型预测法系数推算方法中最小平方法的基本思想。
6. 简述龚珀兹模型预测法系数推算方法中三和法的基本思想。
7. 简述皮尔模型预测法的特点。
8. 简述移动平均预测法的概念和特征。
9. 简述移动平均预测法跨越期 n 的取值原则。
10. 什么是一次移动平均预测法？并简述它的基本思想。
11. 简述二次移动平均预测法的注意事项。

12. 指数平滑法的特点及 α 的取值标准是什么？

13. 简述直接平均季节指数法的预测步骤。

14. 移动平均数季节指数法的预测步骤。

15. 移动平均法与指数平滑法的联系与区别。

六、计算题

1. 已知某市 2014－2022 年的某种商品销售额资料如下表所示。

单位：亿元

年份	2014	2015	2016	2017	2018	2019	2020	2021	2022
商品销售额	10	11.9	12.5	13.5	14.7	15	16.7	17.9	19.5

试用最小平方法建立直线预测模型，并对该市 2023 年这种商品的销售额进行预测。

2. 已知某公司 2014－2022 年某种建筑材料销售额资料如下表所示。

单位：百万元

年份	2014	2015	2016	2017	2018	2019	2020	2021	2022
建筑材料销售额	12	8	4	2	3	4	8	10	13

试根据上表资料拟合二次曲线，并根据二次曲线模型预测该公司年的建筑材料销售额。

3. 某钢厂 2010－2022 年的钢产量资料如下表所示。

单位：万吨

年份	2010	2011	2012	2013	2014	2015	2016	2017	2018	2019	2020	2021	2022
产量	130	148	165	191	213	237	280	341	375	471	510	600	694

试配合二次抛物线预测模型，用最小平方法估计参数，预测 2023 年和 2026 年该厂的钢产量。

4. 某省 2005－2022 年的人口数如下表所示。

单位：万人

年份	人口数	年份	人口数	年份	人口数
	3232		3762		4492
	3181		3940		4558
	3286		4073		4628
	3407		4199		4713
	3523		4317		4803
	3641		4409		4893

试选择合适的预测模型，预测该省 2023—2027 年的人口数。

5. 设某企业 2022 年 1—11 月份对某种商品的需求量如下表所示。

月份（月）	1	2	3	4	5	6	7	8	9	10	11	12
时间序号	1	2	3	4	5	6	7	8	9	10	11	12
需求量（件）	635	620	622	666	715	789	872	894	928	980	1020	…

试分别用 3 个月移动平均数和 5 个月移动平均数，对该企业 2022 年 12 月这种商品的需求量进行一次移动平均预测。

6. 已知某地区 2011—2022 年的能源消费总量资料如下表所示。

年份	2011	2012	2013	2014	2015	2016	2017	2018	2019	2020	2021	2022
能源消费总量（亿吨标准煤）	13.12	13.89	13.78	13.22	13.4	13.85	14.32	15.18	17.5	20.32	22.33	24.63

试用二次移动平均预测法和指数平滑法对我国 2023 年的能源消费总量进行预测。

7. 已知某省 2020—2022 年的某种食品销售额资料如下表所示。另据其他资料得到 2023 年该种食品的销售额将比 2022 年增长 10%，试用直接平均季节指数法对该省 2023 年度各季的这种食品销售额进行预测。

单位：万元

年份	2020	2021	2022
一季度	38	40	42
二季度	158	164	178
三季度	186	198	205
四季度	26	28	31

8. 经过调查得到某公司 2020—2022 年电冰箱销售量资料整理如下表所示，试用移动平均数季节指数法预测 2023 年各月份电冰箱销售量。

单位：台

月份	1	2	3	4	5	6	7	8	9	10	11	12
电冰箱销售量（台）	10	12	16	30	72	118	98	89	60	20	13	9
	11	13	20	28	88	130	103	115	70	26	12	10
	13	16	20	32	93	144	116	112	76	26	14	12

试预测该公司 2023 年各月份电冰箱销售量。预测步骤：第一步，计算移动平均数；第二步，计算季节指数；第三步，运用直线趋势预测法建立直线趋势预测模型，并对该公司 2023 年各月的直线趋势预测值做出预测；第四步，采用季节预测模型对该公司 2023 年各月份电冰箱销售量进行预测。

参考答案

一、名词解释：（略）

二、填空题

1. 常数　　呈线性趋势

2. 最小平方法　　折扣最小平方法

3. 二阶

4. 一次比率

5. 皮尔增长曲线

6. 间距　　时序值的和　　参数

7. 平滑技术　　逐项递移　　平均数

8. 移动　　下一期　　滞后偏差

9. 线性趋势

10. 实际值　　滞后

11. 没有明显

12. 具有

三、单项选择题

1. B　　2. A　　3. C　　4. D　　5. C　　6. A　　7. C　　8. D

四、多项选择题

1. AB　　2. ACD　　3. AD　　4. ABD　　5. AC

五、简述题

1 题答：

长期趋势预测法是在遵循事物连续性原则的基础上，根据预测目标的历史和现有的时间序列资料呈现长期趋势变动轨迹的规律性，用数学方法找出拟合趋势变动轨迹的数学模型，并据此进行预测的方法。必须满足两个假设前提：一是决定预测目标过去发展的因素，在很大程度上仍将决定预测目标未来的发展；二是预测目标的发展过程一般是渐进变化，而不是跳跃式变化。

2 题答：

对时间 t 的取值方法有：(1) 以零开始顺序编号，如包含 n 个观察值，则 t 的序号为 0 至$(n-1)$；(2) 从零开始以自然顺序编号，如包含 n 个观察值，则 t 为 1 至 n；

(3) 为了简化计算，使$\sum t=0$，当时间序列中数据点数目n为奇数，如$n=7$，则取-3，-2，-1，0，1，2，3为序号；n为偶数，如$n=8$，则取-7，-5，-3，-1，$+1$，$+3$，$+5$，$+7$为序号。

3题答：

(1) 直线模型预测法仅适用于预测目标时间序列呈现直线长期趋势变动情况；(2) 直线模型预测法系数a和b的计算，由于采用了最小平方法求得，对时间序列内各数据不论其远近都同等看待，拟合直线消除了季节、不规则、循环等三类变动因子的影响，反映了预测目标长期发展过程的平均变化趋势；(3) 直线模型预测法应用于市场进行中、长期预测既简便又有一定的可靠性。

4题答：

三点法的基本思想是：在二次抛物线上选取三个代表点来求模型的三个系数估计值。这三点选择方法是：当时间序列的总项数$n\geqslant 15$时，在序列的首尾两端和正中各取五项数据，求出三个加权平均数，权术由远及近分别用1、2、3、4、5，这就加重了近期信息在平均数中的比重。这三个加权平均数就作为二次抛物线上三个点的纵坐标。如$9\leqslant n<15$时，则在序列初、中、近期各取三项求出三个加权平均数，权数由远及近分别用1、2、3。为了保持这三个点之间的距离相等，数列总项数应为奇数，如为偶数，可删去最早期的一项。

5题答：

最小平方法就是使误差平方和$\sum(y_t-\hat{y}_t)^2$达到最小来估计参数a、b的方法。

6题答：

三和值法（又叫三段法）是将时序分成相等的三个间距，分别求出每一间距内各期时序值的和，然后，利用三个间距时序值的和计算参数的方法。它只能用来对参数进行粗略的估计，常用来确定具有三个参数的模型。

7题答：

皮尔曲线是1938年比利时数学家哈尔斯特（P · F verhulst）首先提出的一种特殊曲线。后来，近代生物学家皮尔（R · Pearl）和L · J · Reed两人把此曲线应用于研究人口生长规律。所以这种特殊的曲线称之为皮尔增长曲线，简称皮尔曲线。当经济变量的发展变化表现为初期增长速度缓慢，随后增长速度逐渐加快，达到一定程度后又逐渐减慢，最后达到饱和状态的趋势，即原时间序列倒数的一阶差分的环比为一个常数，可以用皮尔曲线来描述。因此，皮尔曲线的预测法是根据预测对象具有皮尔曲线变动趋势的历史数据，拟合成一条皮尔曲线，通过建立皮尔曲线模型进行预测的方法。

8题答：

移动平均预测法是平滑技术中的一种预测方法。它是在考察预测对象的历史数据条件下，采用逐项递移方法，计算一系列平均数（平滑值），把每期平均数作为下一期预测值的方法。它具有三个特征：(1) 需要较多的历史数据，数据愈多预测值平滑效果愈显著；(2) 处理上具有较大的灵活性；(3) 这种方法一般适用于没有明显变化趋势的时间序列的短期预测。

9 题答：

(1) 要考虑需要处理的数据点多少。数据点多，样本观察值含有大量随机性。则当数据变化较小时，n 可取得大些；反之，n 可取得小些。(2) 要注意观察对新数据适应程度的要求，n 取得小，对新数据反应灵敏，但反应过快，容易把意外情况错当趋势，反映过慢又缺乏适应性。(3) 要考察数据点之间是否有周期波动。(4) 要多凭借经验来确定 n 值的大小。如果凭经验判断不了，也可以采用若干不同的样本个数分别计算，然后与过去的实际统计数据进行对比，以多少个样本数据平均时进行预测误差较小，则选用预测误差最小的作为预测值。

10 题答：

一次移动平均预测法又叫简单移动平均预测法。它是一种最简单的时间序列预测法。是以时间序列为基础，通过计算各期移动平均数，并直接以本期（t 期）的移动平均值作为下期（$t+1$）预测值的方法。其基本思想是：在所观察的预测目标时间序列中，令所选取一组数据的个数固定不变，而观察期却“连续移动”，随着预测期向前移，每组数据的观察期也向前移动。同时，每向前移动一期，就去掉数据组中原来最前面的那个数据，并新增一个紧接原来观察期之后一期的那个数据，以保持数据组数据个数的固定性。然后，根据各组数据求得算术平均数作为预测值。这种方法适用于预测对象既无长期增加（下降）趋势亦无周期性变动的时间序列预测。

11 题答：

(1) 历史数据的分布应具有直线趋势；(2) 计算 $M_t^{(1)}$ 和 $M_t^{(2)}$ 时，移动平均的项数应取同一数字；(3) $M_t^{(2)}$ 不能直接用来预测，只能与一次移动平均预测法配合，并通过求得平滑系数 a_t 和 b_t 值，建立移动平均预测模型，才能用其模型进行预测。从而达到克服一次移动平均预测法的预测值滞后现象。

12 题答：

(1) 对离预测期最近的市场现象观察值，给予最大的权数，而对离预测期渐远的观察值给予递减的权数。使市场预测值能够在不完全忽视远期观察值影响的情况下，又能敏感地反映市场现象变化，减小了市场预测误差。(2) 对于同一市场现象连续计算其指数平滑值，对较早期的市场现象观察值不是一概不考虑，而是给予递减的权数。市场现象观察值对预测值的影响，由近向远按等比级数减小，其级数首项是 α，公比为 $1-\alpha$。(3) 指数平滑法中的 α 值，是一个可调节的权数值，它是一个 $0<\alpha<1$ 的值。预测者可以通过调整 α 的大小，来调节近期观察值和远期观察值对预测值的不同影响程度。(4) 当实际观察数目很大时，指数平滑法所使用的权数之和接近于 1。

当我们比较依赖近期的信息进行预测时，可以取较大的 α 值，而当以往的影响比较大时，可以取较小的 α 值。在实际应用中，如果原数列波动不大时，α 宜取小值（0.1—0.3），这样可以使各期观察值的权数由近及远缓慢地变小；如果原数列波动较大时，α 宜取大值（0.6—0.8），这样可以加重近期观测值的权数，使各期观察值的权数由近及远较快地变小。在不易判断时，可分别选用不同的 α 值试算，比较他们的预测误差，然后选择预测误差较小的 α 值。

13 题答：

（1）收集历年（一般在三年以上）各月或各季的统计资料（观察值）；（2）计算各年同月或同季观察值的平均值 A_t；（3）计算历年所有月份或季度的总平均值 B；（4）根据公式 $S_t=\frac{A_t}{B}$，计算各年同月或同季的季节指数，如果各年同月或同季的季节指数之和不等于 4（或 400%）或 12（或 1200%），则要用调整系数 $k=4\div$（各季度指数平均数之和），进行调整，即调整后的季节指数 $\hat{S}_t=S_t\times k$；（5）根据未来年度的没有考虑季节影响的各月度或各季度的平均预测值 $\hat{X}$，再用 $\hat{X}$ 乘以相应的季节指数，即得到未来年度内各月或各季含季节变动的预测值 $\hat{X}_t$，其公式为：$\hat{X}_t=\hat{X}\times S_t$ 或 $\hat{X}_t=\hat{X}\times\hat{S}_t$。

14 题答：

第一步，根据时间序列的时间单位选择跨越期；第二步，对第四栏的移动平均数时间序列再进行中心化，其目的是使移动后的平均值与原时间序列的时间周期一致；第三步，将原时间序列除以中心化移动平均数序列，就可以得到一个新的时间序列，这个时间序列仅包含季节变动因子和不规则变动（SI）；第四步，计算各年同季度的季节指数；第五步，对季节指数平均值进行调整，确定季节指数；第六步，计算趋势变动值；第七步，根据趋势变动值，考虑季节指数，便可进行预测。

15 题答：

指数平滑预测方法是美国经济学家罗伯特·G·布朗于 1959 年在他的《数据库管理的统计预测》一书中首先提出来的。该方法是一种特殊的加权移动平均法。

六、计算题

1 题解：根据所给数据资料计算的各项如表 10－1 所示。

$$a=\frac{131.7}{9}=14.6$$

$$b=\frac{110.6}{168}=0.6583$$

所以，直线模型为：

$$\hat{Y}_t=14.6+0.6583t$$

表 10－1　该市商品销售额直线模型预测计算表

单位：亿元

年份	t	Y_t	tY_t	t^2	$\hat{Y}_t$	$Y_t-\hat{Y}_t$	$(Y_t-\hat{Y}_t)^2$
2014	－7	10	－70	49	10.02	－0.02497	0.000623
2015	－5	11.9	－59.5	25	11.34	0.558365	0.311771
2016	－3	12.5	－37.5	9	12.66	－0.1583	0.025059
2017	－1	13.5	－13.5	1	13.97	－0.47497	0.225594
2018	0	14.7	0	0	14.63	0.0667	0.004449
2019	1	15	15	1	15.29	－0.29163	0.08505
2020	3	16.7	50.1	9	16.61	0.091701	0.008409
2021	5	17.9	89.5	25	17.92	－0.02497	0.000623
2022	7	19.5	136.5	49	19.24	0.258369	0.066755
合计	0	131.7	110.6	168		0.0003	0.728333

用 $t=9$ 代入模型预测，即可预测得到 2023 年该市商品销售额为：

$$\hat{Y}_t=14.6+0.6583\times 9=20.5247(\text{亿元})$$

2 题解：根据所给数据资料计算的各项如表 10－2 所示。

表 10－2　二次曲线模型预测计算表

单位：百万元

年份	年次 t	t^2	Y_t	权数 w	wY_t	$\hat{Y}_t$	$(Y_t-\hat{Y}_t)^2$
2014	1	1	12	1	12	11.733	0.071396
2015	2	4	8	2	16	7.7264	0.074857
2016	3	9	4	3	12	4.9608	0.923137
2017	4	16	2	1	2	3.436	2.062096
2018	5	25	3	2	6	3.152	0.023104
2019	6	36	4	3	12	4.1088	0.011837
2020	7	49	8	1	8	6.3064	2.868281
2021	8	56	10	2	20	9.7448	0.065127
2022	9	81	13	3	39	14.424	2.027776

根据上表资料计算可得：

$$R=\frac{12+16+12}{6}=6.6667$$

$$S=\frac{2+6+12}{6}=3.3333$$

$$T=\frac{8+20+39}{6}=11.1667$$

$$\hat{c}=\frac{2(6.6667+11.1667-2\times 3.3333)}{(9-3)^2}=0.6204$$

$$\hat{b}=\frac{11.1667-6.6667}{9-3}-\frac{3\times 9+5}{3}\times 0.6204=-5.8676$$

$$\hat{a}=6.6667-\frac{7}{3}\times(-5.8676)-\frac{49}{9}\times 0.6204=16.98$$

所求的二次曲线模型为：

$$\hat{y}_t=16.98-5.8676t+0.6204t^2$$

用 $t=10$ 代入模型进行预测，可得该公司 2023 年建筑材料销售额预测值为：

$$\hat{y}_{2023}=16.98-5.8676\times 10+0.6204\times 10^2=20.344(\text{百万})$$

3 题解：根据所给数据资料计算的各项如表 10—3 所示。

表 10—3　二次曲线模型预测计算表

单位：万吨

年份	年次 t	Y_t	权数 w	wY_t	$\hat{Y}_t$
2010	1	130	1	130	131.46
2011	2	148	2	296	146.8
2012	3	165	3	495	169.29
2013	4	191	0	0	198.93
2014	5	213	0	0	235.73
2015	6	237	1	237	279.68
2016	7	280	2	560	330.79
2017	8	341	3	1023	389.05
2018	9	375	0	0	454.46
2019	10	471	0	0	527.02
2020	11	510	1	510	606.74
2021	12	600	2	1200	693.61
2022	13	694	3	2082	787.64

根据表 10—3 资料计算可得：

$$R=\frac{130+296+495}{6}=153.5$$

$$S=\frac{237+560+1023}{6}=303.33$$

$$T=\frac{510+1200+2082}{6}=632$$

$$\hat{c}=\frac{2(153.5+632-2\times 303.33)}{(13-3)^2}=3.5767$$

$$\hat{b}=\frac{632-153.5}{13-3}-\frac{3\times 13+5}{3}\times 3.5767=-4.6078$$

$$\hat{a}=153.5+\frac{7}{3}\times 4.6078-\frac{49}{9}\times 3.5767=123.2754$$

于是，所求的二次曲线模型为：

$$\hat{y}_t=123.2754+4.6078t+3.5767t^2$$

用 $t=14$ 代入模型进行预测，可得该厂 2023 年的钢材产量的预测值为：

$$Y_{2023}=123.2754+4.6078\times 14+305767\times 14^2=888.8178\text{（万吨）}$$

4 题解：通过观察其散点图，该省人口发展规律较符合指数函数特征，于是采用指数曲线预测其模型，如表 10－4 所示。

表 10－4　指数曲线模型计算表

单位：万人

年份	年次 t	人口数	环比发展速度（%）	$\lg Y_t$	t^2	$t\lg Y_t$	$\hat{Y}_t$	$Y_t-\hat{Y}_t$
2005	－17	3232		3.50947	289	－59.661	3199.561	32.43873
2006	－15	3181	98.42	3.50256	225	－52.5385	3286.533	－105.533
2007	－13	3286	103.3	3.51667	169	－45.7167	3375.868	－89.8679
2008	－11	3407	103.68	3.53237	121	－38.8561	3467.632	－60.6316
2009	－9	3523	103.4	3.54691	81	－31.9222	3561.89	－38.8896
2010	－7	3641	103.35	3.56122	49	－24.9285	3658.71	－17.7098
2011	－5	3762	103.32	3.57542	25	－17.8771	3758.162	3.838258
2012	－3	3940	104.73	3.5955	9	－10.7865	3860.317	79.68297
2013	－1	4073	103.38	3.60991	1	－3.60991	3965.249	107.7509
2014	1	4199	103.09	3.62315	1	3.623146	4073.034	125.9665
2015	3	4317	102.81	3.63518	9	10.90555	4183.748	133.2523
2016	5	4409	102.13	3.64434	25	18.2217	4297.471	111.5286
2017	7	4492	101.88	3.65244	49	25.56708	4414.286	77.71363
2018	9	4558	101.47	3.65877	81	32.92897	4534.277	23.7234
2019	11	4628	101.54	3.66539	121	40.31933	4657.528	－29.5284
2020	13	4713	101.84	3.6733	169	47.75287	4784.131	－71.1305
2021	15	4803	101.91	3.68151	225	55.22269	4914.174	－111.174
2022	17	4893	101.87	3.68958	289	62.72278	5047.752	－154.752
合计	0	—	—	64.8737	1938	11.36761	—	—

根据表 10—4 计算可得：

$$\lg a = \frac{64.8737}{18} = 3.604$$

$$\lg b = \frac{11.3676}{1938} = 0.005866$$

求反对数，得：

$$\hat{a} = 4018.78$$

$$\hat{b} = 1.0135$$

所求指数曲线预测模型为：

$$\hat{Y}_t = 4018.78 \times (1.0135)^t$$

将 t＝18，19，20，21，22 分别代入预测模型，可得 2023—2027 年该省人口数的预测值为：

$$\hat{Y}_{2023} = 4018.78 \times (1.0135)^{18} = 5115.897(\text{万人})$$

$$\hat{Y}_{2024} = 4018.78 \times (1.0135)^{19} = 5184.962(\text{万人})$$

$$\hat{Y}_{2025} = 4018.78 \times (1.0135)^{20} = 5254.959(\text{万人})$$

$$\hat{Y}_{2026} = 4018.78 \times (1.0135)^{21} = 5325.9(\text{万人})$$

$$\hat{Y}_{2027} = 4018.78 \times (1.0135)^{22} = 5397.8(\text{万人})$$

5 题解：用 3 个月移动平均数和 5 个月移动平均数分别对该企业的商品需求量进行预测如表 10—5 所示。

表 10—5　移动平均数预测计算表

单位：件

月份	序号	需求量	$n=3$			$n=5$		
1	1	635	M_t	$\hat{Y}_{t+1}$	$(Y_t-\hat{Y}_t)^2$	M_t	$\hat{Y}_{t+1}$	$(Y_t-\hat{Y}_t)^2$
2	2	620	—	—	—	—	—	—
3	3	622	625.667	—	—	—	—	—
4	4	666	636	625.667	1627	—	—	—
5	5	715	667.667	636	6241	651.6	—	—
6	6	789	723.333	667.667	14722	682.4	651.6	18878.8
7	7	872	792	723.333	22102	732.8	682.4	35948.2
8	8	894	851.667	792	10404	787.2	732.8	25985.4
9	9	928	898	851.667	5827	839.6	787.2	19824.6
10	10	980	934	898	6724	892.6	839.6	19712.2
11	11	1020	976	934	7396	938.8	892.6	16230.8
12	12	—	—	976	—	—	939.8	—
MSE	—	—	—	—	75042	—	—	136580

由表 10－5 可以得：

当 $n=3$ 时，12 月份商品需求量的预测值为 976 件；当 $n=5$ 时，12 月份商品需求量的预测值为 940 件，拟合效果如图 10.1 所示。

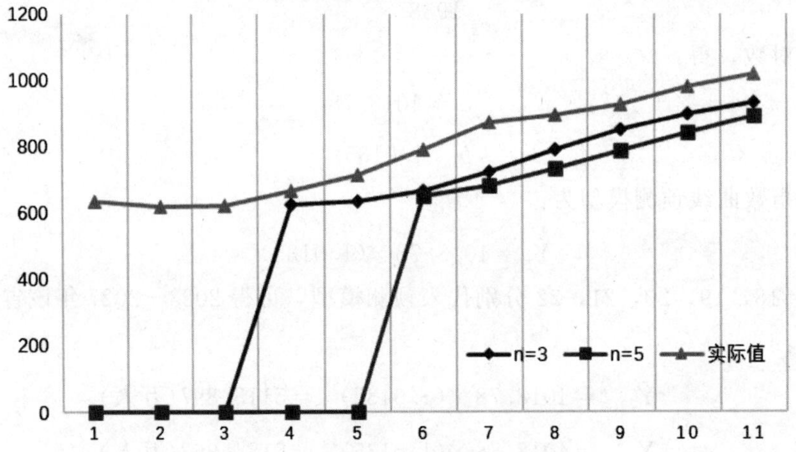

图 10.1　移动平均数预测拟合效果

从表 10－5 中可以看到，n 值不同，各期的预测值也不同，预测误差也不同。计算结果表明，取 $n=3$ 时预测误差较小，因此，应选 $n=3$ 时的移动平均值作为预测值，12 月份的商品需求量的预测值为 976 件。

6 题解：用二次移动平均法对我国 2023 年的能源消费总量预测如下。

表 10－6　二次移动平均预测模型计算表

单位：亿吨标准煤

年份	年次 t	消费量	$M_t^{(1)}$	$M_t^{(2)}$	a_t	b_t	$\hat{Y}_{t+1}$	$(\hat{Y}_t-\hat{Y}_t)^2$
2011	1	13.12	—	—	—	—	—	—
2012	2	13.89	—	—	—	—	—	—
2013	3	13.78	13.5967	—	—	—	—	—
2014	4	13.22	13.63	—	—	—	—	—
2015	5	13.4	13.4667	13.5644	13.37	－0.0978	—	—
2016	6	13.85	13.49	13.5289	13.45	－0.0389	13.2711	0.33511
2017	7	14.32	13.8567	13.6044	14.11	0.25222	13.4122	0.82406
2018	8	15.18	14.45	13.9322	14.97	0.51778	14.3611	0.67058
2019	9	17.5	15.6667	14.6578	16.68	1.00889	15.4856	4.05799
2020	10	20.32	17.6667	15.9278	19.41	1.73889	17.6844	6.94615
2021	11	22.33	20.05	17.7944	22.31	2.25556	21.1444	1.40554
2022	12	24.63	22.4267	20.0478	24.81	2.37889	24.5611	0.00475
MSE	—	—	—	—	—	—	—	14.2442

根据表 10－6 计算可得：

$$a_{2022}=2M_t^{(1)}-M_t^{(2)}=2\times 22.4267-20.0478=24.8056(\text{亿吨标准煤})$$

$$b_{2022}=\frac{2}{n-1}(M_t^{(1)}-M_t^{(2)})=22.4267-20.0478=2.37889(\text{亿吨标准煤})$$

则二次移动平均模型为：

$$\hat{Y}_{2022+T}=24.8056+2.37889T$$

将 $T=1$ 代入上述模型，则有 2023 年我国能源消费总量预测值为 27.1844 亿吨标准煤。

通过观察可知消费量具有递增趋势，因此本题采用二次指数平滑法，平滑系数为 0.3。

表 10－7 指数平滑预测模型计算表

单位：亿吨标准煤

年份	年次 t	消费量	$S_t^{(1)}$	$S_t^{(2)}$	a_t	b_t	$\hat{Y}_{t+1}$	$(\hat{Y}_t-\hat{Y}_t)^2$
—	0	—	13.12	13.12	—	—	—	—
2011	1	13.12	13.12	13.12	13.12	0	—	—
2012	2	13.89	13.351	13.1893	13.51	0.0693	13.12	0.5929
2013	3	13.78	13.4797	13.2764	13.68	0.08712	13.582	0.0392
2014	4	13.22	13.4018	13.314	13.49	0.03761	13.7701	0.30261
2015	5	13.4	13.4013	13.3402	13.46	0.02617	13.5272	0.01617
2016	6	13.85	13.5359	13.3989	13.67	0.0587	13.4885	0.1307
2017	7	14.32	13.7711	13.5106	14.03	0.11166	13.7316	0.34627
2018	8	15.18	14.1938	13.7155	14.67	0.20496	14.1433	1.07469
2019	9	17.5	15.1856	14.1566	16.21	0.44103	14.877	6.88016
2020	10	20.32	16.726	14.9274	18.52	0.77082	16.6558	13.4266
2021	11	22.33	18.4072	15.9713	20.84	1.04394	19.2953	9.20916
2022	12	24.63	20.274	17.2621	23.29	1.29081	21.887	7.52431
MSE	—	—	—	—	—	—	—	39.5428

根据表 10－7 计算可得：

$$a_{2022}=2S_{2022}^{(1)}-S_{2022}^{(2)}=2\times 20.274-17.2621=23.2859$$

$$b_{2022}=\frac{\alpha}{1-\alpha}[S_{2022}^{(1)}-S_{2022}^{(2)}]=\frac{0.3}{0.7}\times(20.274-17.2621)=1.29081$$

于是得 $t=2022$ 时的直线趋势方程为：

$$\hat{Y}_{2022+T}=23.2859+1.29081T$$

将 $T=1$ 代入上述方程得 2023 年我国能源消费总量预测值为 24.5767 亿吨标准煤。

采用不同的预测方法，预测的结果不同。由二次移动平均法得出的年我国能源消费总量预测值为27.1844亿吨标准煤，由指数平滑法得出2023年我国能源消费总量预测值为24.5767亿吨标准煤。相比之下，前者误差较小，预测结果较为精确。

7题解：用直接平均季节指数法预测结果如表10－8所示。

表10－8　直接平均季节指数法预测计算表

单位：万元

季度 t	年份/销售额			A_t	S_t	年各季预测值 $S_t'=S_t\times\frac{4}{4000124}$	2023年各季预测值 $\hat{X}_t=\hat{X}\times\hat{S}_t$
	2020	2021	2022				
1	38	40	42	40	0.37095	0.370942781	46.51622
2	158	164	178	166.67	1.54564	1.545594919	193.8176
3	186	198	205	196.33	1.82077	1.820710815	228.3171
4	26	28	31	28.333	0.26276	0.262751136	32.94899
$\sum$	408	430	456	431.33	4.00012	3.999999651	501.6
历年季度总平均值B				107.83	—	—	—

由题可得：年各季度平均预测值为：

$$\hat{X}_{2023}=\frac{1}{4}\times 456\times(1+0.1)=125.4(\text{万元})$$

所以2023年各季度的预测值按公式 $\hat{X}_t=\hat{X}\times\hat{S}_t$ 计算得到，预测值均在表10－8中列出，如2023年第一季度销售额预测值为：

$$\hat{X}_1=125.4\times 0.37094=46.516(\text{万元})$$

8题解：根据题中所给数据可得如表10－9计算表。

表10－9　季节指数和直线模型预测计算表

单位：台

年份	月份	Y_t	$N=12$移动平均数	中心化移动平均数	各年月季节指数	月次 t	tY_t	t^2
	1	10				−35	−350	1225
	2	12				−33	−396	1089
	3	16				−31	−496	961
	4	30				−29	−870	841
	5	72				−27	−1944	729
2020	6	118				−25	−2950	625
	7	98	45.58333	45.625	2.147945	−23	−2254	529
	8	89	45.66667	45.708333	1.947129	−21	−1869	441
	9	60	45.75	45.916667	1.306715	−19	−1140	361
	10	20	46.08333	46	0.434783	−17	−340	289

续表

年份	月份	Y_t	N=12 移动平均数	中心化移动平均数	各年月季节指数	月次 t	tY_t	t^2
2021	11	13	45.91667	46.583333	0.27907	−15	−195	225
	12	9	47.25	47.75	0.188482	−13	−117	169
	1	11	48.25	48.458333	0.226999	−11	−121	121
	2	13	48.66667	49.75	0.261307	−9	−117	81
	3	20	50.83333	51.291667	0.389927	−7	−140	49
	4	28	51.75	52	0.538462	−5	−140	25
	5	88	52.25	52.208333	1.685555	−3	−264	9
	6	130	52.16667	52.208333	2.490024	−1	−130	1
	7	103	52.25	52.333333	1.968153	1	103	1
	8	115	52.41667	52.541667	2.188739	3	345	9
	9	71	52.66667	52.666667	1.348101	5	355	25
	10	26	52.66667	52.833333	0.492114	7	182	49
	11	12	53	53.208333	0.225529	9	108	81
	12	10	53.41667	54	0.185185	11	110	121
2022	1	13	54.58333	55.125	0.235828	13	169	169
	2	16	55.66667	55.541667	0.288072	15	240	225
	3	20	55.41667	55.625	0.359551	17	340	289
	4	32	55.83333	55.833333	0.573134	19	608	361
	5	93	55.83333	55.916667	1.663189	21	1953	441
	6	144	56	56.083333	2.567608	23	3312	529
	7	116	56.16667	132.625	0.874647	25	2900	625
	8	112	209.0833	217.85985	0.514092	27	3024	729
	9	76	226.6364	236.96818	0.320718	29	2204	841
	10	26	247.3	259.26111	0.100285	31	806	961
	11	14	271.2222	282.36111	0.049582	33	462	1089
	12	12	293.5	—	—	35	420	1225
合计	—	1848	—	—	—	—	3808	15540

由表 10−9 计算结果代入公式得：

$$a=\frac{\sum Y_t}{n}=\frac{1848}{36}=51.333$$

$$b=\frac{\sum tY_t}{t^2}=\frac{3808}{15540}=0.245$$

则有直线模型为：

$$Y_t=51.333+0.245t$$

根据表 10－9 的各年同月季节指数，求各年同月份的季节指数如表 10－10 所示。

表 10－10　平均季节指数计算表及预测结果表

单位：台

月份	2020	2021	2022	同季度季节指数平均值	季节指数调整值	2023 年各月次	2023 年各月趋势值	2023 年各月预测值
1		0.227	0.2358	0.2314	0.264167	37	60.398	15.95516
2		0.2613	0.2881	0.2747	0.313598	39	60.888	19.09439
3		0.3899	0.3596	0.37475	0.427816	41	61.378	26.25849
4		0.5385	0.5731	0.5558	0.634503	43	61.868	39.25545
5		1.6856	1.6632	1.6744	1.911501	45	62.358	119.1974
6		2.49	2.5676	2.5288	2.886887	47	62.848	181.4351
7	2.1479	1.9682	0.8746	1.663567	1.899134	49	63.338	120.2873
8	1.8471	2.1887	0.5141	1.516633	1.731394	51	63.828	110.5114
9	1.3067	1.3481	0.3207	0.991833	1.13228	53	64.818	73.39215
10	0.4348	0.4921	0.0751	0.334	0.381296	55	64.808	24.711
11	0.2791	0.2255	0.0318	0.1788	0.204119	57	65.298	13.32854
12	0.1885	0.1852	—	0.18685	0.213309	59	65.788	14.03315
合计	—	—	—	10.51153	12	—	—	—

将 2023 年各月份的次序值分别代入上述直线模型，所得结果如表 10－10 中 2023 年各月趋势值一列所示，然后再乘以各月份的季节指数调整值，得出 2023 年各月份的预测值。

第十一章　回归市场预测法

指点迷津

一、学习目的与要求

通过本章学习，掌握一元回归预测法、二元回归预测法的含义、基本思路、适用对象和预测步骤，掌握非线性回归预测法的含义、种类及“变量代换，化曲为直”法的基本思想，并能运用这些方法进行市场预测。

二、本章重点

1. 回归预测法的概念和特点
2. 回归预测法与时间序列预测法的区别与联系
3. 回归预测法与相关分析法的异同
4. 回归预测法的预测步骤
5. 一元线性回归预测法的 EXCEL 软件处理技术
6. 二元线性回归预测法的各种检验
7. 二元线性回归预测法的 EXCEL 软件处理技术
8. 非线性回归预测法的涵义与种类
9. 非线性回归预测法的“变量代换，化曲为直”法

三、本章难点

1. 回归预测法与时间序列预测法的区别与联系
2. 回归预测法与相关分析法的异同
3. 一元线性回归预测法的检验
4. 二元线性回归预测法的各种检验
5. 非线性回归预测法的“变量代换，化曲为直”法

脉络框架

- 回归预测法
  - 回归预测法概述
    - 概念和特点
    - 种类
      - 自变量的多少分为一元和多元回归预测模型
      - 是否带虚拟变量分为普通和带虚拟变量回归预测模型
      - 是否线性分为线性和非线性回归预测模型
    - 应用条件
      - 因变量与自变量之间必须存在相关关系
      - 因变量与自变量之间必须是高度相关
      - 自变量的预测值必须是精确的，是比较容易取得的
    - 预测步骤
      - 确立市场预测目标，选择影响预测目标的自变量和因变量
      - 进行相关分析
      - 建立回归预测模型
      - 回归预测模型的检验
      - 进行实际预测
  - 线性回归预测法
    - 一元线性回归预测法
      - 基本原理
      - 预测模型：$y_t = a + bx_t + e$
      - 案例及其EXCEL软件处理
    - 多元线性回归预测法
      - 基本原理
      - 预测模型：$y = a + b_1x_1 + b_2x_2 + b_3x_3 + \cdots + b_kx_k$
      - 二元线性回归预测模型：$y = a + b_1x_1 + b_2x_2 + e$
  - 非线性回归预测法
    - 含义和种类
    - “变量代换，化曲为直”法
  - 其他预测方法
    - 马尔可夫预测法
    - 灰色系统预测法
    - 神经网络预测法

回归预测法对比表

种类	适用条件	预测模型	系数估计公式（化曲为直公式）	模型检验
一元线性回归预测法	两个变量的数据分布有近似的线性关系	$y_t = a + bx_t + e$	$r = \dfrac{\sum (x_i - \bar{x})(y_i - \bar{y})}{\sqrt{\sum (x_i - \bar{x}) \sum (y_i - \bar{y})^2}}$ $\begin{cases} b = \dfrac{n\sum x_i y_i - \sum y_i \sum x_i}{n\sum x_i^2 - (\sum x_i)^2} \\ a = \dfrac{\sum y_i - b\sum x_i}{n} \end{cases}$	参数估计值的标准误差检验和 t 检验

续表

种类	适用条件	预测模型	系数估计公式（化曲为直公式）	模型检验
二元线性回归预测法	两个自变量与因变量之间呈线性关系	$y = a + b_1x_1 + b_2x_2 + e$	$\begin{cases} b_1 = \dfrac{\sum x_1y \cdot \sum x_2^2 - \sum x_2y \cdot \sum x_1x_2}{\sum x_1^2 \cdot \sum x_2^2 - (\sum x_1x_3)^2} \\ b_2 = \dfrac{\sum x_2y \cdot \sum x_1^2 - \sum x_1y \cdot \sum x_1x_2}{\sum x_1^2 \cdot \sum x_2^2 - (\sum x_1x_2)^2} \\ a = \bar{y} - b_1\bar{x}_1 - b_2\bar{x}_2 \end{cases}$	经济意义检验、相关系数检验、t 检验、F 检验和 DW 检验
对数曲线预测法		$y = a + b\lg x$	令：$t = \lg x$ 则：$y = a + bt$	
双曲线预测法		$\dfrac{1}{y} = a + \dfrac{b}{x}$	令：$u = \dfrac{1}{y}$　$v = \dfrac{1}{x}$ 则：$u = a + bv$	
幂曲线预测法		$y = ax^b$	两边取对数，得：$\lg y = \lg a + b\lg x$ 令：$u = \lg y$　$v = \lg x$　$A = \lg a$ 则：$u = A + bv$	
指数曲线预测法		$y = ae^{bx}$	两边取对数，得：$\lg y = \lg a + bx\lg e$ 令：$Z = \lg y$　$A = \lg a$　$B = b\lg e$ 则：$Z = A + Bx$	
二次多项式曲线预测法		$y = a + b_1x + b_2x^2$	令：$z_1 = x$，$z_2 = x^2$ 则：$y = a + b_1z_1 + b_2z_2$	

习题练兵

一、名词解释

1. 回归预测法　2. 相关分析　3. 一元线性回归预测法
4. 二元线性回归预测法　5. 多元线性回归预测法　6. 非线性回归预测法
7. 二次多项式预测法　8. 马尔可夫预测法　9. 灰色系统预测法
10. 神经网络预测法

二、填空题

1. 回归是研究________与________之间的关系形式的分析方法，目的在于根据已知的自变量来估计和预测因变量的________。

2. 一元线性回归预测法是指将一个变量（　　）依另一（且仅一个）变量（　　）变化看成线性关系，并通过统计数据来定量分析自变量变化而导致作为预测值的因变量的变化。

3. 相关系数 r 的________越接近 1，两个变量之间的________程度就越高。

4. 经济意义检验是指凭借一般________，就可以从________本身鉴别模型的真实性。

5. 相关系数检验是指检验变量间________密切程度的一种检验。

6. 把自变量作为整体来检验对因变量影响是否显著的检验是________。

7. DW 检验，又叫杜宾——瓦特森检验或________检验。是用来检验变量________之间是否有相互关系。

8. 非线性方程的求法，一般是利用__________，使之变成________形式，再用线性回归法进行预测。

三、单项选择题

1. 相关系数值的取值范围为（　　）。

A. $0 \leqslant r \leqslant 1$　　B. $-1 < r < 1$　　C. $-1 \leqslant r \leqslant 0$　　D. $-1 \leqslant r \leqslant 1$

2. 回归标准误差的公式为（　　）。

A. $S = \sqrt{\dfrac{\sum (y_i - \hat{y}_i)^2}{n-k}}$　　B. $S = \sqrt{\dfrac{\sum (y_i - \hat{y}_i)^2}{n-1}}$

C. $S = \sqrt{\dfrac{\sum (y_i - \bar{y}_i)^2}{n-k}}$　　D. $S = \sqrt{\dfrac{\sum (y_i - \hat{y}_i)^2}{n}}$

3. 对某个自变量对因变量显著性的检验是（　　）。

A. t 检验　　B. F 检验　　C. DW 检验　　D. 卡方检验

4. 当 $4-d_l < DW < 4$ 或 $0 < DW < d_l$ 时，可判断为（　　）。

A. 有序列相关　　B. 无序列相关　　C. 有异方差　　D. 无异方差

5. 当 $d_u < DW < 4-d_u$ 时，可判断为（　　）。

A. 有序列相关　　B. 无序列相关　　C. 有异方差　　D. 无异方差

6. 当 $4-d_u < DW < 4-d_l$ 或 $d_l < DW < d_u$ 时，可判断为（　　）。

A. 有序列相关　　B. 无序列相关　　C. 有异方差　　D. 无结论

四、多项选择题

1. 按照回归预测模型中自变量的多少，回归预测模型可分为（　　）。

A. 一元回归预测模型　　B. 二元回归预测模型

C. 多元回归预测模型　　D. 多元线性回归预测模型

2. 按照回归预测模型是否线性，回归预测模型可分为（　　）。

A. 线性回归预测模型　　B. 一元线性回归预测模型

C. 多元线性回归预测模型　　D. 非线性回归预测模型

3. 按照回归模型是否带虚拟变量，回归预测模型可分为（　　）。

A. 普通回归预测模型　　B. 带虚拟变量回归预测模型

C. 多元回归预测模型　　D. 多元线性回归预测模型

4. 线性相关系数的计算公式有（　　）。

A. $r=\dfrac{\sum(x_i-\bar{x})\bar{y}}{\sqrt{\sum(x_i-\bar{x})^2\sum(y_i-\bar{y})^2}}$

B. $r=\dfrac{n\sum x_iy_i-(\sum x_i)(\sum y_i)}{\sqrt{[n\sum x_i^2-(\sum x_i)^2[n\sum y_i^2-(\sum y_i)^2]}}$

C. $r=\dfrac{\sum(x_i-\bar{x})(y_i-\bar{y})}{\sqrt{\sum(x_i-\bar{x})^2\sum(y_i-\bar{y})^2}}$

D. $r=\dfrac{\sum x_iy_i-(\sum x_i)(\sum y_i)}{\sqrt{[n\sum x_i^2-(\sum x_i)^2[n\sum y_i^2-(\sum y_i)^2]}}$

5. 二元线性回归预测法的检验有（　　）。

A. 经济意义检验　　B. F 检验　　C. t 检验　　D. DW 检验

6. 下列属于非线性回归预测法的有（　　）。

A. 对数曲线预测　　B. 皮尔曲线预测

C. 多项式曲线预测　　D. 指数曲线预测

五、简述题

1. 简述回归预测法与相关分析法的异同。
2. 简述回归预测法的应用条件。
3. 简述回归预测法的预测步骤。
4. 回归预测法与时间序列预测法的区别与联系。
5. 简述相关系数的性质及意义。
6. 简述非线性回归预测法的含义，并举例说明其重要作用。
7. 简述马尔可夫预测法的概念。
8. 简述灰色系统预测法的基本思想。
9. 简述神经网络预测法的应用领域。

六、计算题

1. 如随机抽取 10 个学生的数学成绩与统计学成绩资料如下表所示，试建立一元线性回归预测模型，并预测当某学生的数学成绩为 95 分时，统计学成绩应为多少分。

学生序号	1	2	3	4	5	6	7	8	9	10
数学成绩（分）	65	73	76	68	89	72	80	82	86	88
统计学成绩（分）	68	75	72	66	94	86	85	79	92	86

2. 对某地区 2013－2021 年的个人消费支出与个人收入进行调查，得到如下表所示资料，试建立一元线性回归预测模型，并预测当该地区 2022 年的个人收入为 250 亿元时，该地区 2022 年的个人消费支出的置信区间（概率为 95%）。

年份	个人收入（亿元）	消费支出（亿元）
2013	74	58
2014	86	68
2015	104	82
2016	126	110
2017	142	116
2018	168	132
2019	198	156
2020	222	172
2021	226	192

3. 已知 A 省 2012－2021 年各年的地区生产总值环比增长率和地方财政收入环比增长率如下表所示，试建立一元线性回归模型，并预测当 2022 年 A 省地区生产总值增长率为 14. 6%时，其财政收入的增长率。

年份	2012	2013	2014	2015	2016	2017	2018	2019	2020	2021
地方财政收入增长率（%）	12.2	14.1	7.19	10.6	15.9	7.65	15.3	14.6	24.3	26.7
地区生产总值增长率（%）	10.5	9.67	6.63	8.46	8.98	10.3	11.3	12.7	12.6	13.3

4. 已知 S 省 2013－2021 年工业总产值，工业增加值和流动资产余额如下表所示，试建立二元线性回归模型，并设 2022 年 S 省工业总产值为 3866 亿元，流动资产余额为 2300 亿元时，预测 2022 年 S 省的工业增加值。

单位：亿元

年份	2013	2014	2015	2016	2017	2018	2019	2020	2021
工业增加值	406.38	427.01	405.36	500.6	562.13	591.99	780.22	902.99	1133.2
工业总产值	1255.9	1200.7	1249.6	1338	1466.77	1609.8	1915.9	2488.5	3126.3
流动资产年平均余额	1266.4	1307.6	1275.3	1246	1364.39	1395.6	1302.2	1609.6	1845.5

5. 已知某电器公司前 5 年的利润与甲产品的年生产量和甲产品的促销费用有关，现将有关资料整理见下表所示，试建立二元线性回归预测模型，并设下年度该公司甲产品的生产量为 3.4 万件，促销费用为 10.8 万元时。预测该公司下年度利润为多少万元。

年份	1	2	3	4	5
利润（万元）	26	25	28	29	32
甲产品产量（万件）	2.9	2.6	2.8	3	3.2
甲产品促销费用（千元）	8.4	8.6	9.3	10.2	10.4

6. 西部地区某省年消费基金、国民收入使用额和平均人口数资料如下表所示，试配合适当的回归模型并进行各种检验。若该省 2022 年国民收入使用额为 670 亿元，平均人口数为 58 万人，当显著性水平为 5%时，试估计 2022 年消费基金的预测区间。

年份	消费基金（十亿元）	国民收入使用额（十亿元）	平均人口数（万人）
2010	9.0	12.1	48.2
2011	9.5	12.9	48.9
2012	10.0	13.8	49.54
2013	10.6	14.8	50.25
2014	12.4	16.4	51.02
2015	16.2	20.9	51.84
2016	17.7	24.2	52.76
2017	20.1	28.1	53.69
2018	21.8	30.1	54.55
2019	25.3	35.8	55.35
2020	31.3	48.5	56.16
2021	36.0	54.8	56.98

参考答案

一、名词解释：（略）

二、填空题

1. 自变量　因变量　总平均值
2. 因变量　自变量
3. 绝对值　线性相关
4. 经济规律　系数符号
5. 线性关系
6. F 检验
7. 序列相关　前后期
8. 变量代换法　线性函数

三、单项选择题

1. B　2. A　3. A　4. A　5. B　6. D

四、多项选择题

1. AC　2. AD　3. AB　4. BC　5. ABCD　6. ABCD

五、简述题

1 题答：

回归预测法与相关分析法都是研究及测度两个或两个以上变量之间关系的方法。相关分析法是研究两个或两个以上随机变量之间相互依存关系的紧密程度。回归预测法是研究某一随机变量（因变量）与其他一个或几个普通变量（自变量）之间的数量变动的关系。由回归预测法求出的关系式，叫回归模型。这两种预测法的区别主要有：相关分析法研究的都是随机变量，并且不分自变量与因变量，回归预测法研究的变量则必须确定出自变量与因变量，并且自变量是确定的普遍变量，因变量是随机变量。这两种预测法的联系则表现为：它们二者都是研究现象之间相互依存关系的两个不可分割的方面。在实际工作中，一般先进行相关分析，由相关系数或相关指数的大小决定是否需要进行回归预测。而在相关分析的基础上必须拟合回归模型，以便进行推算、预测。

2 题答：

市场现象的因变量与自变量之间必须存在相关关系；市场现象的因变量与自变量之间必须是高度相关；市场现象自变量的预测值必须是精确的，是比较容易取得的。

3 题答：

根据市场决策目的确立市场预测的目标，并选择确定影响预测目标的自变量和因变量；进行相关分析；建立回归预测模型；回归预测模型的检验；进行实际预测。

4 题答：

回归预测法是以遵循市场预测的因果性原理为前提的，就是通过发现某些对所预测结果有重要影响的因素进行分析，找到预测量和影响因素之间的因果关系，从而推测预测对象随影响因素的变化而发生变化的数值。时间序列预测法侧重于考虑预测目标随时间变化而发生变化和发展情况，其模型一般都是时间的函数。

5 题答：

(1) 相关系数的取值范围为：$-1<r<1$；(2) 相关系数 r 的符号与 b 相同。当 $r>0$ 时，称为正线性相关，这时 y 随 x 增加而呈线性增加的趋势。当 $r<0$ 时，称为负线性相关，这时 y 有随 x 增加而呈线性减少的趋势；(3) 相关系数 r 的绝对值越接近 1，两个变量之间的线性相关程度就越高；反之则越低。当 $r=0$ 时，称完全不线性相关。

6 题答：

在实际问题中，有时有两个变量之间并不一定是线性关系，而是某种曲线关系，

此种曲线所代表 x 与 y 的相关称为曲线回归，亦即非线性回归。非线性回归预测是指用于预测的回归方程是非线性的。非线性方程的求法，一般是利用变量代换法，使之变成线性函数形式，再用线性回归法进行预测。

7 题答：

马尔可夫预测法是以俄国数学家 A·Amarkov 名字命名的一种预测方法。它将时间序列看作一个随机过程，通过对事物不同状态之间转移概率的研究，确定状态变化趋势，以预测事物的未来。马尔可夫预测技术是研究系统的“状态”和状态的“转移”。不需要连续不断的大量历史资料，只需要最近或现在的动态资料就可以预测。

8 题答：

灰色预测对数据量的要求不高，更不要求典型的分布，而实践证明其预测精度意外的好，所以不失为一种有特色的预测方法。灰色系统理论能更准确地描述社会经济系统的状态和行为。基于灰色理论的灰色系统预测法主要用于对一些行为效果为已知，而产生行为的原因较模糊或未知的本征性系统的研究。市场就是这样一种系统，对市场变化趋势的预测，有时就是灰色系统预测。灰色系统预测法需要定义灰色系统、灰色变量和构建灰色模型。

9 题答：

神经网络的应用已迅速扩展到许多重要领域。一些主要的应用领域有：模式识别与图像处理、控制及优化、金融预测与管理和通信等。

六、计算题

1 题解：

第一步：线性相关分析

将统计学成绩设为因变量，数学成绩设为自变量，根据以上数据资料计算如下。

表 11—1　相关系数计算数据表

序号	y_i	x_i	x_iy_i	x_i^2	y_i^2
1	68	65	4420	4225	4624
2	75	73	5475	5329	5625
3	72	76	5472	5776	5184
4	66	68	4488	4624	4356
5	94	89	8366	7921	8836
6	86	72	6192	5184	7396
7	85	80	6800	6400	7225
8	79	82	6478	6724	6241
9	92	86	7912	7396	8464
10	86	88	7568	7744	7396
合计	803	779	63171	61323	65347

将表 11－1 中数据代入相关系数计算公式得：

$$r=\frac{10\times 63171-779\times 803}{\sqrt{(61323-779^{2})(10\times 65347-803^{2})}}=0.8298$$

当 $\alpha=5\%$ $n-2=8$ 时，$r_c=0.6319$，相关系数通过显著性检验，因此自变量与因变量之间的线性相关关系具有显著性，可以建立回归预测模型。

第二步：建立回归方程，确定预测模型

$$b=\frac{10\times 63171-803\times 779}{10\times 61323-779^{2}}=0.97$$

$$a=\frac{803-0.97\times 779}{10}=4.74$$

于是，可得一元线性回归模型为：

$$\hat{y}=4.74+0.97x$$

第三步：利用模型进行预测

将 $x=95$ 代入上述模型，得该学生统计学成绩的预测值为：

$$\hat{y}=4.74+0.97\times 95=96.89\approx 97$$

第四步：对模型进行检验

进行置信区间估计，先计算出置信区间计算表如表 11－2 所示。

表 11－2　置信区间计算表

序号	y_i	x_i	$\hat{y}$	$(y_i-\hat{y}_i)^2$
1	68	65	67.79	0.0441
2	75	73	75.55	0.3025
3	72	76	78.46	41.732
4	66	68	70.7	22.09
5	94	89	91.07	8.5849
6	86	72	74.58	130.42
7	85	80	82.34	7.0756
8	79	82	84.28	27.878
9	92	86	88.16	14.746
10	86	88	90.1	16.81
合计	803	779	803.03	269.68

则有：

$$S=\sqrt{\frac{269.6971}{10-2}}=5.806$$

根据上述对该同学数学成绩为 95 分时，预测出其统计学成绩为 97 分，利用 2S

原则计算置信区间，置信区间为 $y+2S$，即有该同学值的区间估计值为 85.4～108.6 之间，置信度为 95%。

2 题解：

第一步：线性相关分析

将个人收入设为自变量，消费支出设为因变量，根据以上数据资料计算如下。

表 11—3　相关系数计算表

序号	年份	y_i	x_i	x_iy_i	x_i^2	y_i^2
1	2013	58	74	4292	5476	3364
2	2014	68	86	5848	7396	4624
3	2015	82	104	8528	10816	6724
4	2016	110	126	13860	15876	12100
5	2017	116	142	16472	20164	13456
6	2018	132	168	22176	28224	17424
7	2019	156	198	30888	39204	24336
8	2020	172	222	38184	49284	29584
9	2021	192	226	43392	51076	36864
合计		1086	1346	183640	227516	148476

将表 11—3 中数据代入相关系数计算公式得：

$$r=\frac{10\times 183640-1346\times 1086}{\sqrt{(9\times 227516-1346^2)(9\times 148476-1086^2)}}=0.9928$$

第二步：建立回归方程，确定预测模型

$$b=\frac{9\times 183640-1346\times 1086}{9\times 227516-1346^2}=0.8096$$

$$a=\frac{1086-0.8096\times 1346}{9}=-0.411$$

于是，可得一元线性回归模型为：

$$\hat{y}=-0.411+0.8096x$$

第三步：利用模型进行预测

将 $x=250$ 代入上述模型，得 2022 年个人消费支出的预测值为：

$$\hat{y}=-0.411+0.8096\times 250=201.989(\text{亿元})$$

第四步：对预测值的置信区间进行估计

根据所得数据资料计算出置信区间计算表如表 11—4 所示。

表 11－4 置信区间计算表

序号	y_i	x_i	$\hat{y}_i$	$(y_i-\hat{y}_i)^2$
1	58	74	59.4994	2.2482
2	68	86	69.2146	1.475253
3	82	104	83.7874	3.194799
4	110	126	101.5986	70.58352
5	116	142	114.5522	2.096125
6	132	168	135.6018	12.97296
7	156	198	159.8898	15.13054
8	172	222	179.3202	53.58533
9	192	226	182.5586	89.14003
合计	1086	1346	1086.023	250.4268

将表 11－4 中数据代入回归标准误差计算公式可得：

$$S=\sqrt{\frac{250.4268}{9-2}}=5.9812$$

利用 2S 原则计算置信区间，置信区间为 $y+2S$，即有当该地区 2022 年个人收入为 250 亿元时，该地区的个人消费支出的区间估计值为 190.03～213.9515 之间，置信度为 95%。

3 题解：

第一步：线性相关分析

将地区生产总值增长率设为自变量，地方财政收入增长率设为因变量，根据以上数据资料计算如下。

表 11－5 相关系数计算表

序号	年份	y_i	x_i	x_iy_i	x_i^2	y_i^2
1	2012	12. 2	10. 5	128. 1	110. 25	148. 84
2	2013	14. 1	9. 67	136. 347	93. 509	198. 81
3	2014	7. 19	6. 63	47. 6697	43. 957	51. 6961
4	2015	10. 6	8. 46	89. 676	71. 572	112. 36
5	2016	15. 9	8. 98	142. 782	80. 64	252. 81
6	2017	7. 65	10. 3	78. 795	106. 09	58. 5225
7	2018	15. 3	11. 3	172. 89	127. 69	234. 09
8	2019	14. 6	12. 7	185. 42	161. 29	213. 16
9	2020	24. 3	12. 6	306. 18	158. 76	590. 49
10	2021	26. 7	13. 3	355. 11	176. 89	712. 89
合计	—	148. 54	104. 44	1642. 97	1130. 6	2573. 67

将表 11－5 中数据代入相关系数计算公式可得：

$$r=\frac{10\times1642.97-104.44\times148.54}{\sqrt{(10\times1130.6-104.44^2)(10\times2573.67-148.54^2)}}=0.7571$$

第二步：建立回归方程，确定预测模型

$$b=\frac{10\times1642.97-104.44\times148.54}{10\times1130.65-101.44^2}=2.297$$

$$a=\frac{148.54-2.297\times104.44}{10}=-9.142$$

于是，可得一元线性回归模型为：

$$\hat{y}=-9.142+2.297x$$

第三步：利用模型进行预测

将 $x=14.6\%$代入上述模型，得 2022 年财政收入的增长率的预测值为：

$$\hat{y}_{2022}=-9.142+2.297\times14.6=24.39\ \%$$

第四步：对预测值的置信区间进行估计

根据所得数据资料计算出置信区间计算表如表 11－6 所示。

表 11－6　置信区间计算表

序号	年份	y_i	x_i	$\hat{y}_i$	$(y_i-\hat{y}_i)^2$
1		12.2	10.5	14.977	7.70895
2		14.1	9.67	13.07	1.06092
3		7.19	6.63	6.0871	1.21637
4		10.6	8.46	10.291	0.09572
5		15.9	8.98	11.485	19.4917
6		7.65	10.3	14.517	47.1571
7		15.3	11.3	16.814	2.2925
8		14.6	12.7	20.03	29.4838
9		24.3	12.6	19.8	20.2482
10		26.7	13.3	21.408	28.0042
合计	—	148.54	104.44	148.48	156.759

将表中数据代入回归标准误差公式中得：

$$S=\sqrt{\frac{156.759}{10-2}}=4.427$$

利用 2S 原则计算置信区间，置信区间为 $y\pm2S$，即有当该地区 2022 年地区生产总值增长率为 14.6%时，该地区的财政收入的增长率的区间估计值为 15.54%～33.24%之间，置信度为 95%。

4 题解：

第一步：建立二元线性回归模型

令该地区工业增加值为因变量 y，工业总产值为自变量 x_1，流动资产余额为自变量 x_2，根据所给数据资料计算得出回归模型计算表如表 11－7 所示。

表 11－7　二元线性回归模型计算表

单位：百亿元

序号	y	x_1	x_2	$y-\bar{y}$	$x_1-\bar{x}_1$	$x_2-\bar{x}_2$	x_1^2	x_2^2	x_1x_2	x_1y	x_2y	y^2
1	4.1	12.6	12.7	−2.3	−4.8	−16.3	15772	16037	15904	5103.6	5146	1651
2	4.3	12	13.1	−2.1	−5.4	−16.1	14416	17099	15700	5126.9	5584	1823
3	4.1	12.5	12.8	−2.3	−4.9	−16.3	15616	16263	15936	5065.5	5169	1643
4	5	13.4	12.5	−1.3	−4	−15.4	17902	15530	16674	6698	6238	2506
5	5.6	14.7	13.6	−0.7	−2.7	−14.7	21514	18616	20012	8245.2	7670	3160
6	5.9	16.1	14	−0.4	−1.3	−14.4	25914	19476	22465	9529.7	8262	3505
7	7.8	19.2	13	1.46	1.77	−12.6	36706	16957	24948	14948	10160	6087
8	9	24.9	16.1	2.69	7.49	−11.3	61928	25908	40055	22471	14534	8154
9	11	31.3	18.5	4.99	13.9	−9.03	97738	34059	57696	35428	20914	12842
合计	57	157	126	50.8	139	36.74	307505	179944	229391	112616	83677	41371

$$b_1=\frac{112616\times179944-83677\times229391}{307505\times179944-229391^2}=0.492$$

$$b_2=\frac{83677\times307505-112616\times3229391}{307505\times179944-229391^2}=-0.403$$

$$a=6.344-0.492\times17.39+0.403\times14.01=3.44$$

即有二元线性回归预测模型为：

$$\hat{y}=3.44+0.492x_1-0.403x_2$$

第二步：运用模型进行预测

$$\hat{y}=3.44+0.492\times3866-0.403\times2300=13.19(\text{百亿元})$$

因此，当 2022 年 S 省工业总产值为 3866 亿元，流动资产余额为 2300 亿元时，工业增加值为 1319 亿元。

5 题解：

第一步：建立二元线性回归模型

令该公司每年的利润为因变量 y，甲产品产量为自变量 x_1，甲产品促销费用为自变量 x_2，根据所给数据资料计算得出回归模型计算表如表 11－8 所示。

表 11－8　二元线性回归模型计算表

序号	y	x_1	x_2	$y-\bar{y}$	$x_1-\bar{x}_1$	$x_2-\bar{x}_2$	x_1^2	x_2^2	x_1x_2	x_1y	x_2y	y^2
1	26	2.9	8.4	−6.63	−0.45	−0.525	8.41	70.56	24.36	75.4	218.4	676
2	25	2.6	8.2	−7.63	−0.75	−0.725	6.76	67.24	21.32	65	205	625
3	28	2.8	8.6	−4.63	−0.55	−0.325	7.84	73.96	24.08	78.4	240.8	784
4	29	3	8.8	−3.63	−0.35	−0.125	9	77.44	26.4	87	255.2	841
5	32	3.2	9.1	−0.63	−0.15	0.175	10.24	82.81	29.12	102.4	291.2	1024
6	36	3.8	9.2	3.37	0.45	0.275	14.44	84.64	34.96	136.8	331.2	1296
7	40	4.2	9.3	7.37	0.85	0.375	17.64	86.49	39.06	168	372	1600
8	45	4.3	9.8	12.37	0.95	0.875	18.49	96.04	42.14	193.5	441	2025
合计	261	26.8	71.4	—	—	—	92.82	639.18	241.44	906.5	2355	8871

$$b_1=\frac{906.5\times 639.18-2355\times 241.44}{92.82\times 639.18-241.44^2}=6.24$$

$$b_2=\frac{2355\times 92.82-906.5\times 241.44}{92.82\times 639.18-241.44^2}=5.86$$

$$a=32.6-6.24\times 3.35-5.86\times 8.925=-40.56$$

即有二元线性回归预测模型为：

$$\hat{y}=-40.56+6.24x_1+5.86x_2$$

第二步：运用模型进行预测

$$\hat{y}=-40.56+6.24\times 3.4+5.86\times 10.8=43.9(\text{万元})$$

当下年度甲产品产量为 3.4 万件，甲产品促销费用为 10.8 万元时，该公司的利润为 43.9 万元。

6 题解：

第一步：执行【工具】菜单中的【数据分析】指令，弹出【分析工具】对话框。

第二步：选择【回归】选项，弹出【回归】对话框，并输入相应的数据信息，如图 11.1 所示。

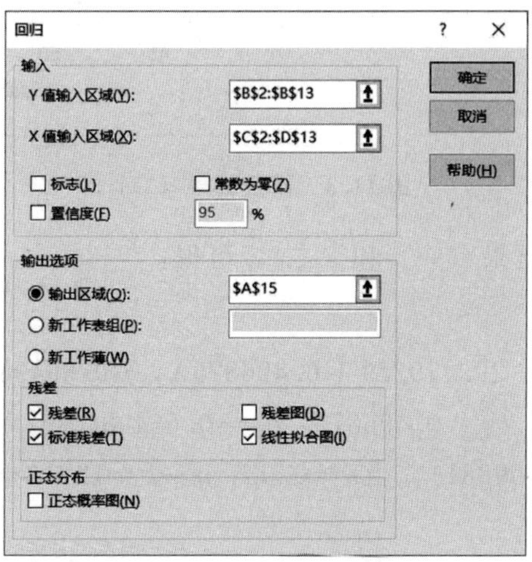

图 11.1　回归对话框

第三步：单击【确定】按钮，得到本例的回归结果如图 11.2 和图 11.3 所示。

15	SUMMARY OUTPUT								
16									
17	回归统计								
18	Multiple R	0.998811							
19	R Square	0.9976234							
20	Adjusted R Square	0.9970952							
21	标准误差	0.4816371							
22	观测值	12							
23									
24	方差分析								
25		df	SS	MS	F	Significance F			
26	回归分析	2	876.3747	438.1874	1888.948	1.55531E-12			
27	残差	9	2.087768	0.231974					
28	总计	11	878.4625						
29									
30		Coefficients	标准误差	t Stat	P-value	Lower 95%	Upper 95%	下限 95.0%	上限 95.0%
31	Intercept	-29.47983	7.435075	-3.96497	0.00328	-46.29913841	-12.6605	-46.2991	-12.66052
32	X Variable 1	0.4968746	0.032551	15.26462	9.69E-08	0.423239778	0.57051	0.42324	0.57050952
33	X Variable 2	0.6649836	0.157016	4.235131	0.00219	0.30978858	1.020179	0.309789	1.02017871

图 11.2　回归结果（一）

RESIDUAL OUTPUT

观测值	预测 Y	残差	标准残差
1	8.5845658	0.415434	0.953581
2	9.4475541	0.052446	0.120383
3	10.320331	-0.32033	-0.73528
4	11.289344	-0.68934	-1.58231
5	12.596381	-0.19638	-0.45077
6	15.377603	0.822397	1.887716
7	17.629075	0.070925	0.162801
8	20.18532	-0.08532	-0.19584
9	21.750956	0.049044	0.112575
10	25.115128	0.184872	0.424352
11	31.964073	-0.66407	-1.5243
12	35.63967	0.36033	0.827096

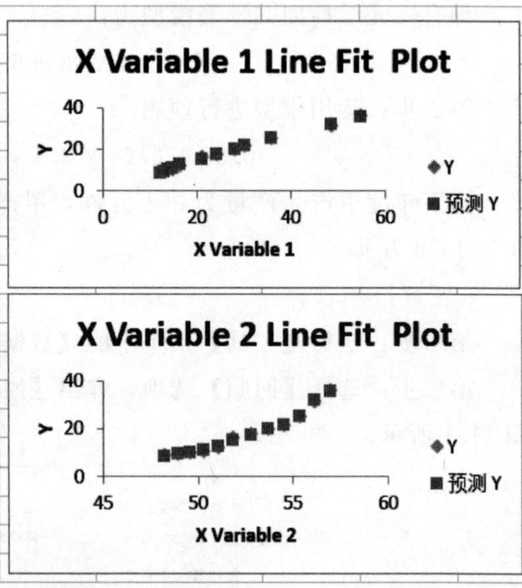

图 11.3　回归结果（二）

第四步：根据回归结果（一）和（二），可得：

(1) 回归方程如下：

$$\hat{Y}=-29.479829+0.496875X_1+0.664984X_2$$

其中，$a=-29.479829$，$b_1=0.496875$，$b_2=0.664984$。

(2) R 检验。$R=0.998811$，当 $\alpha=0.05$，$n-k=12-3=9$ 时，$R_{0.05}(9)=0.69$，说明相关关系显著。

(3) F 检验。$F=1888.95$，当 $\alpha=0.05$ 时，$F_{0.05}(3-1,12-3)=4.26$，说明回

归效果非常显著。且，残差为：$\sum e_i^2=2.08777$，扰动项方差为：$s^2=0.231974$。

(4) t 检验。$s=0.481637$，a，b_1，b_2 的标准误差分别为：

$S_a=7.435075454$，$S_{b_1}=0.032550732$，$S_{b_2}=0.157016087$；

t 统计量为：$t_1=-0.70913$，$t_2=2.916971$，$t_3=7.868761$。

当 $\alpha=0.05$ 时，$t_{\frac{0.05}{2}}(12-3)=2.26$，因为 t_1、t_2 和 t_3 的绝对值均大于 2.26，显然参数估计值通过 t 检验，在统计上是显著的，可以认为国民收入使用额和平均人口数对消费基金有显著影响。并得：a，b_1，b_2 的置信区间分别为：$-46.2992<a<-12.6605$，$0.42324<b_2<0.57051$，$0.309788<b_3<1.020179$

(5) DW 检验。

$$DW=\frac{\sum_{i=2}^{n}(e_i-e_{i-1})^2}{\sum_{i=1}^{n}e_i^2}=1.955939058$$

当 $\alpha=0.05$ 时，$k=3$，$n=12$，查 DW 检验表，因为 DW 检验表中样本容量 n 最低为 15，故取 $d_L=0.82$，$d_U=1.75$，即 DW 统计量在 $d_U=1.75<DW=1.955939058<4-d_U=2.25$ 之间。检验结果表明回归模型不存在自相关。

综合以上可得结论：该回归模型为一个较优良的回归模型，可以用来预测。

(6) 进行预测。将国民收入使用额 $X_1=67$ 和平均人口数 $X_2=58$ 代入回归模型，求得消费基金的估计值为 $\hat{Y}=42.379824$，预测区间为：$41.291324<Y<43.46832$。

第十二章　市场调查分析报告

指点迷津

一、学习目的和要求

通过本章的学习和训练，应当掌握市场调查分析报告的基本特点、结构、写作技巧以及口头报告的基本特点与要领，能够撰写市场调查分析报告。

1. 了解市场调查分析报告的意义
2. 认识市场调查分析报告的特点
3. 了解市场调查分析报告的种类
4. 掌握市场调查分析报告的结构
5. 掌握市场调查分析报告的写作技巧，并能运用
6. 熟悉市场调查分析报告写作的注意点
7. 了解市场调查分析口头报告的特点
8. 熟悉市场调查分析口头报告的要领，并能灵活运用

二、本章重点

1. 市场调查分析报告的结构
2. 市场调查分析报告的写作
3. 市场调查分析口头报告的要领

三、本章难点

1. 市场调查分析报告的写作
2. 市场调查分析口头报告

脉络框架

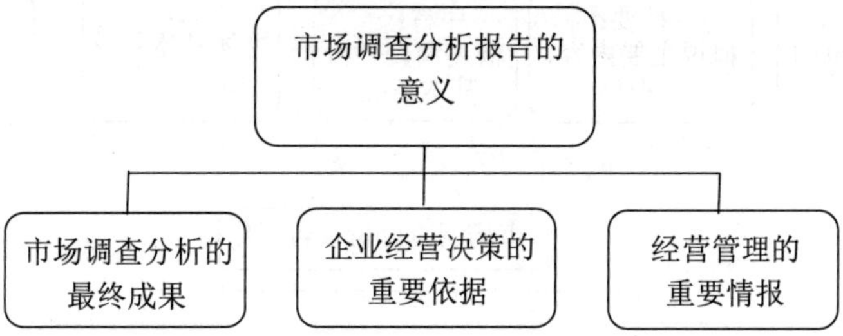
市场调查分析报告的意义
市场调查分析的最终成果
企业经营决策的重要依据
经营管理的重要情报

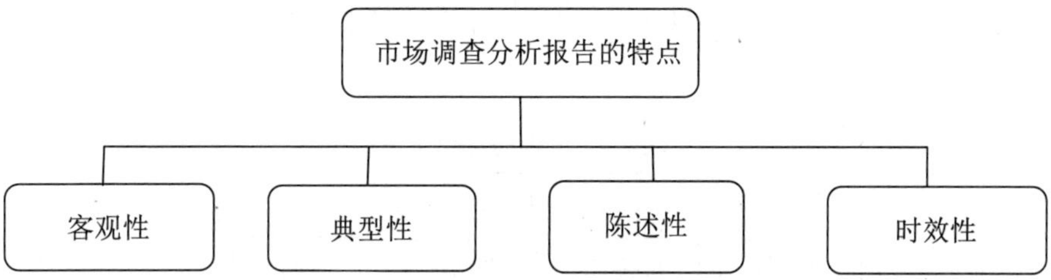
市场调查分析报告的特点
客观性
典型性
陈述性
时效性

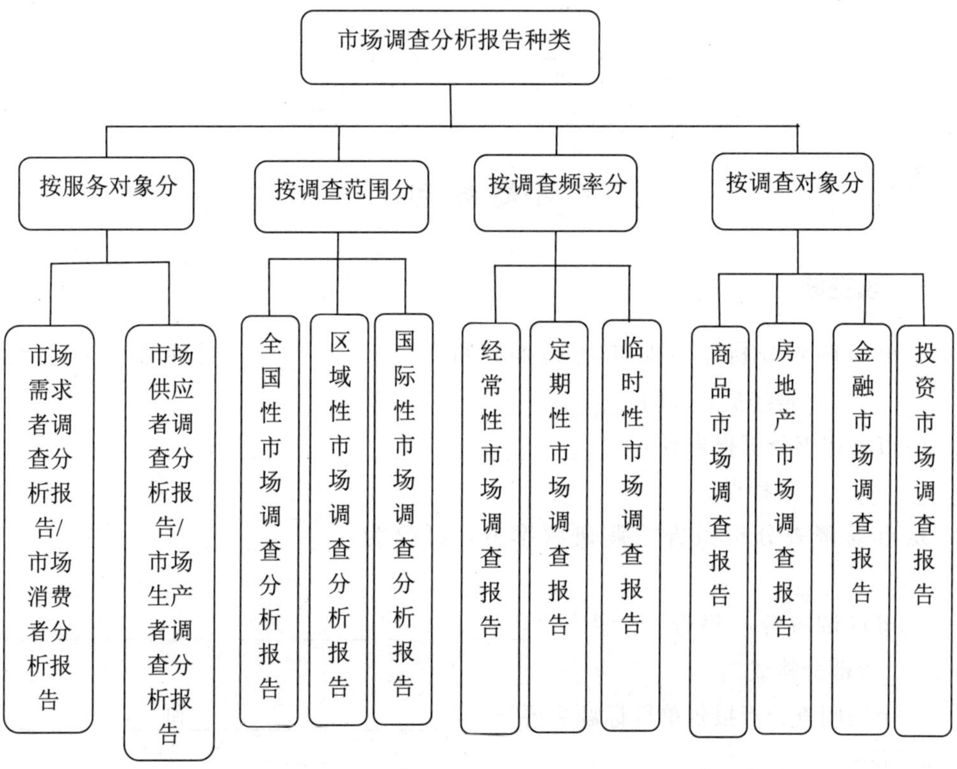
市场调查分析报告种类
按服务对象分
按调查范围分
按调查频率分
按调查对象分
市场需求者调查分析报告/市场消费者分析报告
市场供应者调查分析报告/市场生产者调查分析报告
全国性市场调查分析报告
区域性市场调查分析报告
国际性市场调查分析报告
经常性市场调查报告
定期性市场调查报告
临时性市场调查报告
商品市场调查报告
房地产市场调查报告
金融市场调查报告
投资市场调查报告

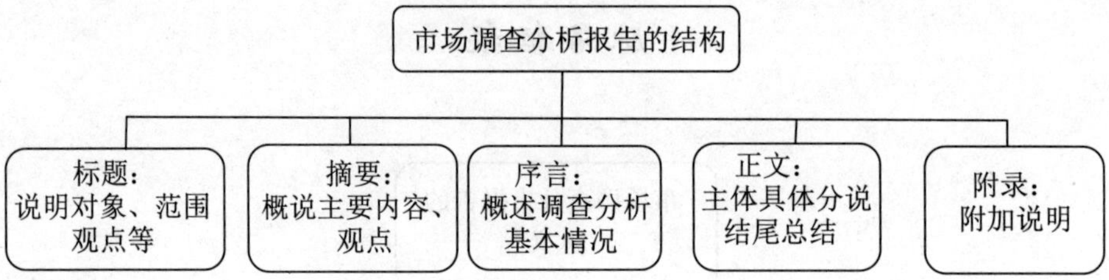

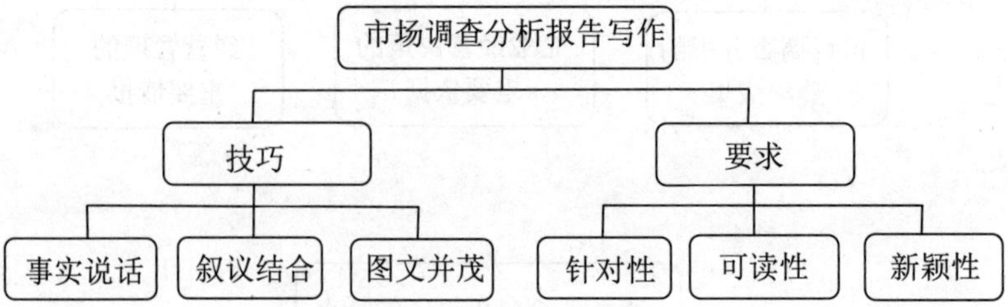

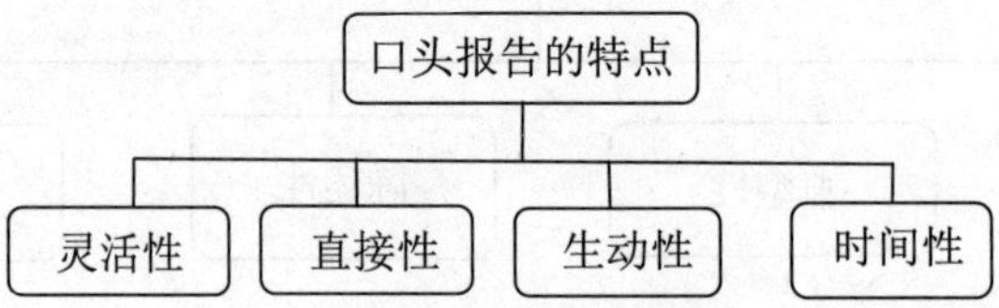

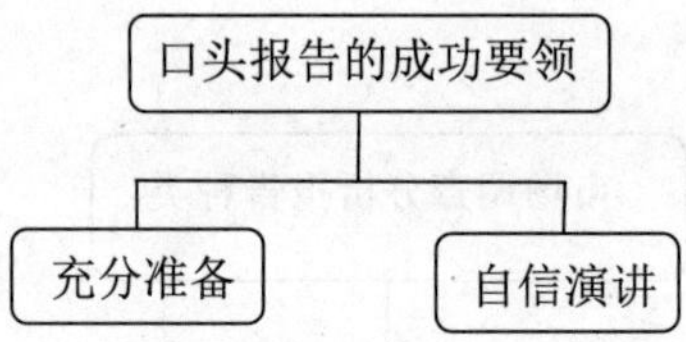

习题练兵

一、填空题

1. 市场调查分析报告是市场调查分析的__________，是企业经营决策的__________，是经济管理的__________。

2. 市场调查分析报告具有__________、__________、__________和__________等特点。

3. 市场调查分析报告按调研频率分，可分为__________、__________和__________。

4. 市场调查分析报告一般由__________、__________、__________、__________和__________等部分构成。

5. 市场调查分析报告单行标题主要有__________、__________和__________等几种写法。

6. 写作市场调查分析报告要________、__________、__________，要有________和________。

7. 市场调查分析口头报告具有__________、__________、__________和________等特点。

8. 要想口头报告取得成功，需要____________和____________。

二、简答题

1. 为什么市场调查分析要提供市场调查分析报告？
2. 市场调查分析报告有什么特点？与书面报告相比，口头报告又有什么特点？
3. 市场调查分析报告按服务对象分可分为哪些种类？请举例说明。
4. 简述市场调查分析报告的写作格式。
5. 写作市场调查分析报告有什么技巧，应当注意哪些问题？
6. 口头报告的基本要领有哪些？

三、修改以下市场调查分析报告的标题

1. 金融产品成为家庭理财的热选，居民投资选择多元化
2. 京沪渝三地城市居民家庭消费倾向调查
   ——物价持续上涨但投资热度不减
3. 饮用水进入品牌消费时代　桶装水成市场宠儿
   ——对我市上半年饮用水市场的调查

四、为以下市场调查分析报告中的段落拟写观点句

1. 调查结果显示，37.9%的受访企业预计今年一季度生产经营形势与去年同期相比为“非常好”“比较好”，48.0%的预计“差不多”，仅有14.1%的预计“比较差”和“非常差”。72.3%的受访企业表示一季度订单情况与去年同期相比为“有一定增长”“基本保持稳定”。16.2%的表示“订单量有所下降”，11.5%的表示“情况尚不明朗”。49家外向型企业中，65.3%的表示下一步海外订单“会有一定增长”“基本保持稳定”，16.3%的表示“订单量有所下降”，18.4%的表示“情况尚不明朗”。

2. 分析资料显示，消费者购买住宅的目的，最为主要的是在够住的基础上改善居住条件，占33.2%；其次为享有宁静、优美、舒适的生活环境，占的比例为26.8%；解决基本生活需要的，占18.4%；出于投资或用于出租目的的，占4.8%。

3. 从消费的发展阶段看，物质性消费在得到基本满足后，增速会相对放缓，文化娱乐、休闲旅游、教育培训、健康养生等服务性消费需求会迎来快速增长。2021年，我省居民人均服务性消费支出8817元，占居民消费的比重达41%，人均服务性消费支出较上年增长12.4%，比商品性消费支出高6.0个百分点，消费结构加快从实物消费主导向服务消费主导转换。从国际经验看，主要发达经济体服务性消费占居民消费

的比重平均在60%以上。对于我省而言，服务性消费提升是大势所趋，且鉴于当前服务性消费“有需求、缺优质供给”的矛盾比较突出，提升空间较大，力促服务型消费提质扩容将会有效扩大总体消费。

4. 本次调查涉及的24家厂商中，有21家厂商的94款产品的价格出现不同程度下调。其中，海信表现最为突出，有12款产品降价。三星、飞利浦分别有8款产品降价。厦华、LG、索尼、TCL、东芝、夏新、长虹这7家厂商降价产品在5－7款之间。其他厂商有34款产品出现降价。降幅最高的海尔L52A18-A达到7000元。降价产品数量最多的为10001元－15000元价位段，降价产品数量为27款。其次为5001元－8000元价位段，有21款降价。再次为8000元－10000元价位段，降价产品数量为15款。

五、对下列市场调查材料进行简要分析，各写一段陈述分析文字

1. 图12.1是ZZ市房产投资者选择房产类型的调查结果资料。

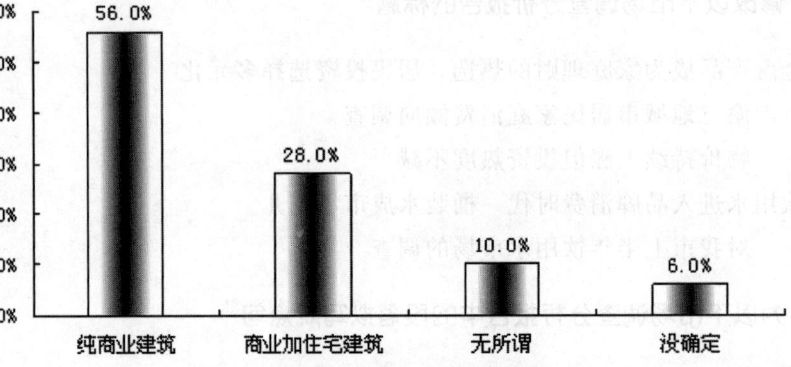

图12.1 房产投资者房产类型选择

2. 图12.2是某地博民第一次上网的年份调查结果。

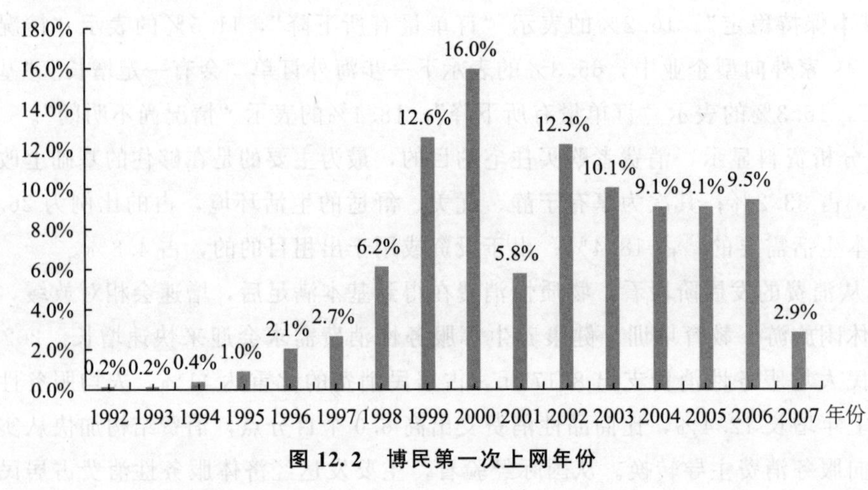

图12.2 博民第一次上网年份

3. 图 12.3 是某市消费者购车影响因素的调查结果。

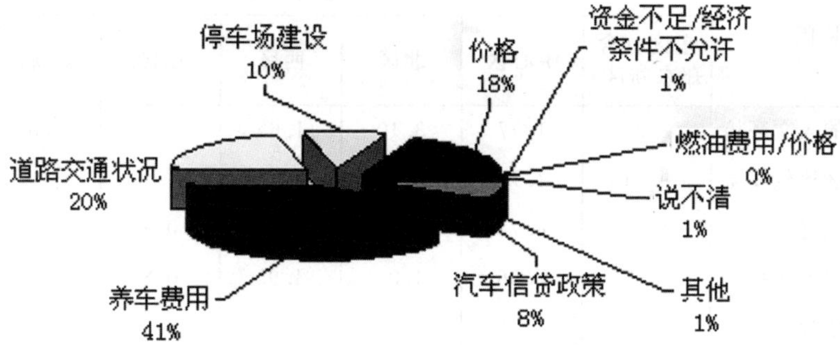

图 12.3　消费者购车影响因素

六、综合训练

圆点市场咨询有限公司于 2007 年 5 月，通过问卷调查方式对 ZZ 市房地产区域发展状况进行了调查分析。此次调查发放样本 130 份，回收 130 份，有效样本 124 份。

下面是该公司根据调查整理数据绘制的部分图表（见图 12.4 和图 12.5 以及表 12—1 和表 12—2）。

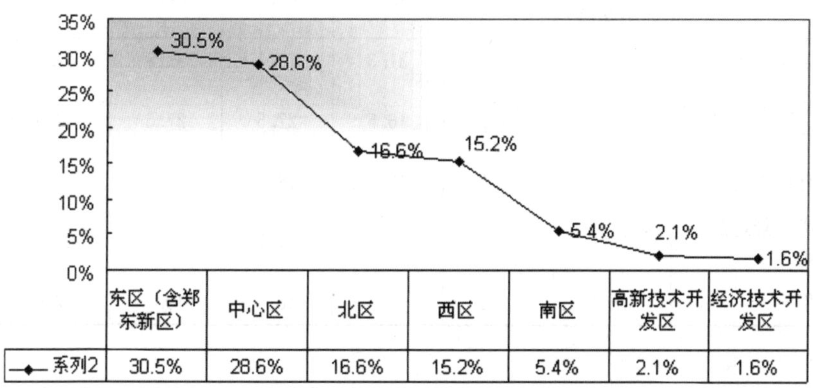

图 12.4　消费者购房首选区域情况

表 12—1　消费者购房首选区域的选择原因（一）

单位：%

选择原因	选择区域						
	东区（含郑东新区）	中心区	北区	西区	南区	高新区	经济区
该区发展前景好	17.9	4.24	2.5	1.32	0.4	0.12	0.84
该区房价比较适合我	1.43	2.82	0.64	0.66	1.4	0.25	
该区整体环境比较好	5.0	3.53	3.51	3.63	0.8	0.12	0.14

续表

选择原因	选择区域						
	东区（含郑东新区）	中心区	北区	西区	南区	高新区	经济区
我喜欢该区的人文环境	2.38	1.77	3.10	1.65	1.2	0.50	0.21
该区是行政区比较安全	0.71	1.77	0.48				0.14
该区交通状况好	1.19	6.71	0.96	1.98	0.8	0.12	
在该区住惯了不想换	1.67	7.06	4.0	4.95	0.8	0.74	0.21
该区有好的学校						0.12	
上班方便	0.24	0.70	1.41	0.66		0.12	0.07
对该区比较熟悉				0.33			
合计	30.5	28.6	16.6	15.2	5.4	2.1	1.6

表 12—2　消费者购房首选区域的选择原因（二）

单位:%

选择原因	选择区域						
	东区（含郑东新区）	中心区	北区	西区	南区	高新区	经济区
解决基本居住需要	16.4	28.1	31.3	28.1	37.8	41.0	39.6
在够住的基础上改善居住条件	9.5	17.5	16.5	27.5	27.5	8.9	9.4
想买一套有档次的住宅	20.7	22.2	12.1	14.3	10.1	6.4	6.7
想有宁静优美舒适的生活环境	26.1	10.1	21.2	11.7	13.9	26.1	22.2
投资或出租	27.3	22.2	18.9	18.4	10.7	17.6	22.2

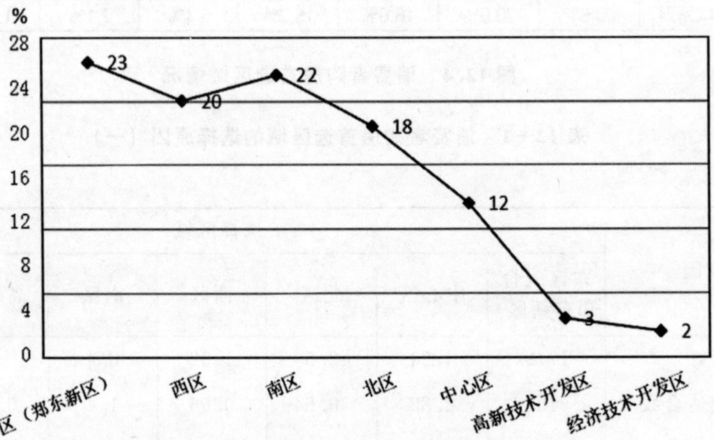

图 12.5　ZZ 市规划新建住房各区域比例

请根据上述材料，写作一篇简短的市场调查分析报告，并在班上做口头报告。

参考答案

一、填空题

1. 最终成果　重要依据　重要情报
2. 客观性　典型性　陈述性　时效性
3. 经常性市场调研报告　定期性市场调研报告　临时性市场调研报告
4. 标题　摘要　序言　正文　附录
5. 公文式　问题式　观点式
6. 事实说话　叙议结合　图文并茂　针对性　可读性
7. 灵活性　直接性　生动性　时间性
8. 准备充分　演讲自信

二、简答题

1. 市场调查分析报告是市场调查的最终成果，是企业经营决策的重要依据，是经济管理的重要情报。

2. 市场调查分析报告具有客观性、典型性、陈述性、时效性的特点，而口头报告则具有灵活性、直接性、生动性和时间性等特点。

3. 市场调查分析报告按服务对象分，可分为市场需求者调查分析报告（市场消费者调查分析报告）、市场供应者调查分析报告（市场生产者调查分析报告）。如：《成渝地区线下夜间消费需求调查分析》《北京大型超市马铃薯制品市场调查分析》。

4. 市场调查分析报告一般由标题、摘要、序言、正文和附录等部分构成。而标题可用单标题、也可用双标题。正文包括主体和结尾两个小部分。

5. 写作市场调查分析报告要用事实说话、叙议结合、图文并茂，要注意针对性和可读性。

6. 口头报告的基本要领主要有充分准备，自信演讲。

三、修改以下市场调查分析报告的标题

1. 居民投资多元化，金融产品成热选
2. 物价上涨不停，投资热度不减

　——对京沪渝三地城市居民家庭消费倾向的调查

3. 饮用水讲品牌消费　桶装水成市场宠儿

　——对我市上半年饮用水市场的调查

四、为以下市场调查分析报告中的段落拟写观点句

1. 受调查企业生产经营形势稳中向好
2. 六成消费者买房是为住得更好
3. 服务性消费是扩大消费的新引擎
4. 电视产品大面积降价

五、对下列市场调查材料进行简要分析，各写一段陈述分析文字（略）

六、综合训练（略）

案例精粹

案例 1

瓣瓣同心共谋发展　京津冀经济总量突破 10 万亿

——数说京津冀协同发展九年成效系列之一

京津冀协同发展是习近平总书记亲自谋划、亲自部署、亲自推动的重大国家战略。2014 年以来，京津冀三地深入贯彻落实习近平总书记对京津冀协同发展工作的重要指示批示精神，紧密围绕《京津冀协同发展规划纲要》和各阶段重点任务推动工作，积极应对复杂多变的内外部环境与新冠疫情影响，着力稳增长、优结构、惠民生，区域经济整体实力迈上新台阶。

经济总量突破 10 万亿元。2022 年，京津冀地区生产总值合计 10.0 万亿元，按现价计算，是 2013 年的 1.8 倍；其中，北京、河北跨越 4.0 万亿元量级，均为 4.2 万亿元，分别是 2013 年的 2.0 倍和 1.7 倍；天津 1.6 万亿元，是 2013 年的 1.6 倍。

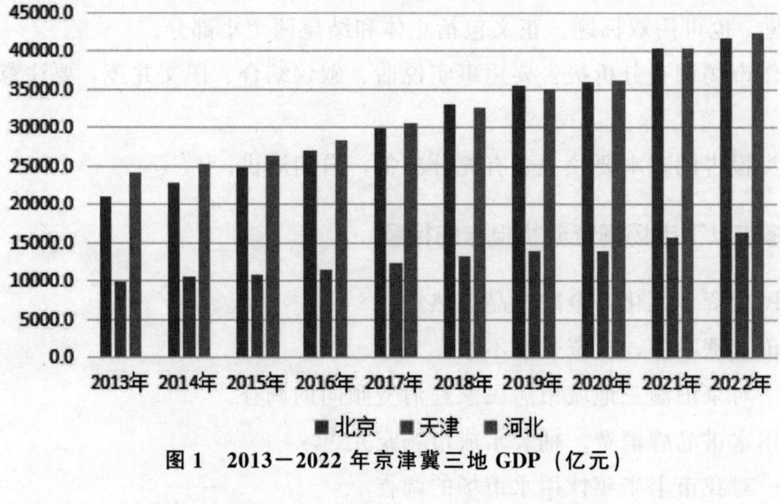

图 1　2013—2022 年京津冀三地 GDP（亿元）

“三二一”产业格局持续稳固。见图1所示，京津冀三次产业构成由2013年的6.2∶35.7∶58.1变化为2022年的4.8∶29.6∶65.6，第三产业比重提高7.5个百分点。其中，北京三产占比保持在8成以上，天津占比超6成，河北提升最快，京津冀三地三产比重分别为83.8%、61.3%和49.4%，较2013年分别提高4.3个、7.2个和8.4个百分点。

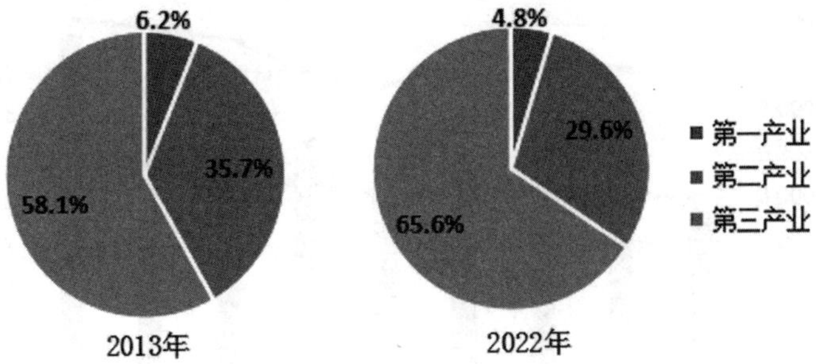

图2　2013年和2022年京津冀区域三次产业比重

就业规模扩大结构优化。京津冀地区城镇新增就业9年累计1442万人，三地分别新增288.1万、405.5万和748.4万人，见图2所示。就业结构不断优化，2021年，北京法人单位从业人员中，第三产业[1]比重为84.4%，较2013年提高6.2个百分点，其中信息服务业和商务服务业占比达25.5%，较2013年提高6.2个百分点；天津和河北第三产业就业人员占比为60.5%和46.6%，较2013年提高10.9个和15.1个百分点。

城乡居民收入差距逐步缩小。2022年，京津冀三地全体居民人均可支配收入分别为77415元、48976元和30867元，与2013年相比，年均分别名义增长7.4%、7.1%和8.2%；其中，城镇居民人均可支配收入分别增长7.3%、6.9%和7.1%，农村居民人均可支配收入年均增速分别为8.2%、7.3%和8.6%，均快于城镇居民。三地城乡居民收入比值较2013年分别缩小0.2、0.1和0.3。

注：[1]不包含农、林、牧、渔服务业，采矿业开采辅助活动，金属制品、机械和设备修理业。

案例2

坚持高质量发展 创新驱动力增强

——数说京津冀协同发展九年成效系列之二

京津冀区域始终坚持创新引领，以更高标准提升发展质量，持续加大创新投入，高端产业引领发展，新业态新模式展现活力，创新主体发展壮大，高质量发展迈出坚实步伐。

研发投入强度全国领先。2021年，京津冀共投入研究与试验发展（R&D）经费

3949.1 亿元，是 2013 年的 2.1 倍，占全国比重为 14.1%。其中，京津冀三地分别为 2629.3 亿元、574.3 亿元和 745.5 亿元，分别为 2013 年的 2.2 倍、1.3 倍和 2.6 倍。区域 R&D 投入强度达到 4.1%，较 2013 年提高 0.7 个百分点，持续高于全国平均水平 1 个百分点以上。

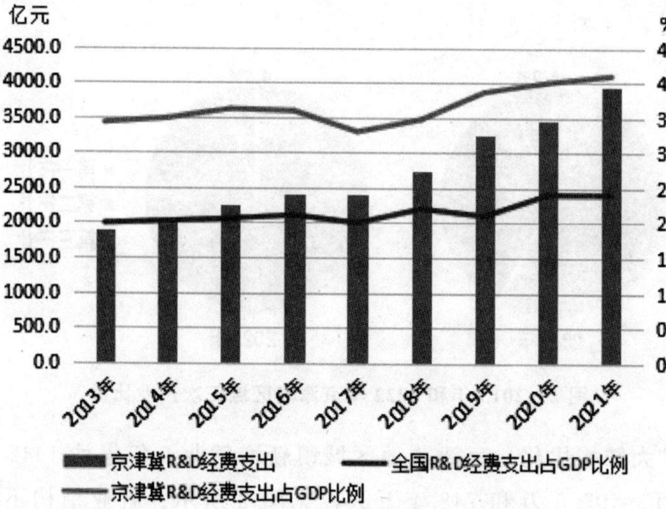

图 3　2013—2021 年研究与试验发展（R&D）经费支出及占 GDP 比重

新兴经济快速发展。见图 3 所示北京数字经济增加值从 2015 年的 8719.4 亿元增加到 2022 年的 17330.2 亿元，占 GDP 的比重超 4 成，提高 6.4 个百分点；天津高技术制造业占规模以上工业增加值的比重为 14.2%，较 2014 年提高 1.9 个百分点[1]；河北高新技术产业增加值占规模以上工业增加值的比重为 20.6%，比 2013 年提高 8.8 个百分点。新业态持续升温。2022 年北京限额以上批发零售业、住宿餐饮业网上零售额达到 5485.6 亿元，占社会消费品零售总额近 4 成；天津限额以上批发零售业网上零售额占限额以上社零总额的比重达到 31.3%，高于 2016 年 19.2 个百分点[2]；河北实物商品网上零售额近 5 年持续保持两位数增长，占社零总额的比重（28.4%）较 2016 年提高 20.2 个百分点。

创新主体成长壮大。2022 年第四批专精特新“小巨人”企业中，京津冀地区共 535 家（北京 334 家，天津 64 家，河北 137 家），占全国的 12.3%；累计 1124 家，较前三批合计数量翻倍增长。“京津冀生命健康集群”和“保定市电力及新能源高端设备集群”入选“国家先进制造业集群”，其中北京大兴区、天津经开区和河北石家庄市共同申报的“京津冀生命健康集群”是目前国内唯一一家跨省联合的先进制造业产业集群。根据胡润研究院发布的《2022 年中全球独角兽企业榜》，京津冀有 95 家企业上榜，占中国上榜企业的比重超过 3 成，其中北京 90 家，居各省区市第一。

注：[1] 天津自 2014 年开始高技术制造业统计。

[2] 天津限额以上批发零售业网上零售额、河北实物商品网上零售额均自 2016 年开始统计。

案例 3

重点领域率先突破 协同发展战略格局日渐清晰

——数说京津冀协同发展九年成效系列之三

京津冀协同发展战略实施以来，京津冀三地始终坚持以习近平总书记关于京津冀协同发展重要讲话精神为根本遵循，紧紧抓住疏解北京非首都功能这个“牛鼻子”，加快建设北京城市副中心和雄安新区，以现代化首都都市圈建设为抓手，全面构建协同发展战略格局。

一、一核疏解，紧抓协同发展“牛鼻子”

北京坚持减量发展，扎实开展“疏解整治促提升”专项行动，2017 年以来累计疏解提质一般制造业 2093 家，区域性专业市场和物流中心 640 个，23 家市属高校、医疗卫生资源向城六区外布局。利用疏解空间着力提升百姓生活服务水平，累计建设提升 1168 个老年餐桌、6285 个便民网点，利用拆违腾退土地实施留白增绿近 9000 公顷。

二、两翼齐飞，打造区域联动“桥头堡”

北京城市副中心蓬勃发展。2022 年，城市副中心所在的通州区实现地区生产总值 1253.4 亿元，是 2013 年的 2.1 倍。围绕科技创新、行政办公、商务服务、文化旅游等主导功能，大力发展与之相匹配的重点产业，第三产业增加值占比 61.7%，较 2013 年提升 11.9 个百分点。城市建设生机勃发，固定资产投资规模保持千亿量级，超级工程北京城市副中心站综合交通枢纽施工如火如荼，城市绿心三大建筑——剧院、图书馆、博物馆工程拔地而起。持续优化公共资源配置，构建普惠民生服务体系。教育、医疗、文化资源不断向城市副中心聚集，北京学校、人大附中等名校陆续入驻，北京友谊医院、人民医院等三甲综合医院逐步落户，运河文化广场等公共文化服务设施投入使用。加快推动央企二三级企业、市属国企及跨国企业总部等优质资源搬迁入驻，首批搬迁的 6 家市属国企总部[1] 全部开工建设。

雄安新区城市框架全面拉开。雄安新区建设从“规划先行”到“雏形显现”，“四纵三横”高速公路和对外干线公路网全面建成。承接北京非首都功能疏解取得突破，首批标志性疏解项目有序推进，3 家央企总部[2] 开工建设，中国矿产资源集团、4 所高校和 2 家医院选址落位，央企设立各类分支机构 140 多家，首个央企产业集群中国中铁入驻雄安新区。生态治理取得阶段性成效，白洋淀“华北之肾”功能加快恢复。全面落实“雄才计划”吸引人才，截至 2022 年底，共为 6000 余人发放雄才卡，引进 1500 余名专业技术人才充实到教育、医疗、科技等重点领域，柔性引进专家顾问等高层次人才近 300 名。

三、三圈联动，建设现代化首都都市圈

京津冀地区加快构建现代化首都都市圈[3]（以下简称首都圈），优化资源配置，提升首都功能，加快建设世界级城市群。2022 年上半年，首都圈实现地区生产总值 1.86 万亿元，占京津冀地区的 4 成，通勤圈、功能圈和产业圈占首都圈的比重分别为 9.9％、37.6％和 52.5％。首都圈产业结构为 4.7∶39.9∶55.4，通勤圈三产占比最高，达 67.7％，产业圈二产占有较高比重，为 45％。

四、四领域率先突破，引领协同跑出“加速度”

交通一体化正从蓝图变成现实。京津冀核心区 1 小时交通圈、相邻城市间 1.5 小时交通圈基本形成，“轨道上的京津冀”主骨架形成，截至 2022 年末，京津冀区域营运性铁路总里程达 10848 公里，较 2014 年末增长 38.3％；北京至 6 个毗邻区域全部实现 1 小时内通达，与 300 公里范围内的主要中心城市“津石保唐”均实现高铁 1—1.5 小时快速联系。高速公路总里程 10585.5 公里，较 2014 年末增长 32.6％，38 条公交线路实现跨省常态化运营，服务 17 个县市，日均客运量约 27 万人次。

生态环境持续改善。2022 年三地 PM2.5 平均浓度与 2013 年相比降幅均在 60％以上；国家地表水考核断面水质优良（Ⅰ—Ⅲ类）比例均动态达到国家“十四五”目标要求，全面消除劣Ⅴ类断面；生态系统质量和稳定性持续提高，北京密云水库入选全国首批美丽河湖优秀案例、天津海河河北区段入选全国首批美丽河湖提名案例、河北秦皇岛湾北戴河段入选全国首批美丽海湾优秀案例。

产业要素有序流动。2022 年，天津吸引京、冀投资额 1989.4 亿元，占全部引进内资的 53.8％，2017 年[4]以来累计 8731.9 亿元；河北承接京、津转入基本单位 4395 个，2014 年以来累计转入 4.39 万个，其中近 8 成为北京转入，廊坊、石家庄和保定承接北京转入基本单位最多。

公共服务加快共享。区域内 5000 余家三级和二级定点医疗机构纳入互认范围，医疗机构实现跨省异地就医普通门诊费用直接结算，京津冀异地就医实现“同城化”。先后推出四批 179 项事项名称、办理标准、申请材料、办理时间相统一的“同事同标”事项，实现“无差别受理、同标准办理”。通过学校联盟、结对帮扶等多种方式开展跨区域教育合作，北京景山学校、北京潞河中学、北京八中等学校在津冀多地建设分校。

注：[1] 包括北规院、北投集团、华夏银行、首旅集团、北京建院和北咨公司。

[2] 3 家央企分别为中国星网、中国中化和中国华能。

[3] 北京市“十四五”规划纲要提出，按照职住协同、功能互补、产业配套的圈层结构，加快建设现代化首都都市圈，包括通勤圈、功能圈和产业圈三个圈层。

[4] 2017 年天津实际利用内资额口径进行调整，与之前不可比。

案例 4

重点区域加速协同 彰显示范引领效果

——数说京津冀协同发展九年成效系列之四

京津冀持续打造协同发展示范区，《北京市通州区与河北省三河、大厂、香河三县市协同发展规划》出台，横跨京冀的大兴国际机场建成投运，滨海新区加快推进高质量发展，冬奥点燃京张冰雪经济。重点示范区作为京津冀协同发展的缩影，充分展现区域联动 9 年来的丰硕成果。

一、通州与北三县加速一体化发展

区域发展水平迈上新台阶。2022 年，通州区与北三县地区生产总值合计为 2309.4 亿元，是 2013 年的 2.1 倍。其中，通州区 1253.4 亿元，与 2013 年相比，按不变价格计算，年均增长 6.9%；三河市、大厂县和香河县分别为 610.4 亿元、180.9 亿元和 264.7 亿元，年均分别增长 6.2%、6.0%和 6.3%。产业结构不断优化升级，通州区与北三县三次产业构成由 2013 年的 6.6∶43.2∶50.2 调整为 2022 年的 2.6∶32.0∶65.4，第三产业占比提高 15.2 个百分点。

交通一体化实现新突破。通州区与北三县一批重大交通项目落实落地，运输能力和服务现代化水平不断提升。2022 年 12 月 30 日，京唐城际铁路开通运营，京滨城际铁路宝坻至北辰段同步开通运营。开通国贸至北三县的“定制快巴”线路 3 条，投入运营车辆 8 部，进一步优化调整 3 条到北三县的跨省公交线路，有效提升车辆人员通行效率。

产业协作共促发展。连续四年举办北京通州与廊坊北三县项目推介洽谈会，累计签约实体项目和合作事项 161 个，投资金额达到 1080 亿元。持续提升“区域通办”服务能力，北三县 317 项政务服务事项可在通州区窗口办理，2022 年为北三县群众提供跨区域事项服务 6000 余件。

民生红利不断释放。联合签署《通武廊教育协同发展框架协议》，通州区 33 所学校与北三县 51 所学校建立合作关系。潞河医院、通州区妇幼保健院、东直门医院通州院区等与北三县医疗机构组建医联体，通过专家出诊、会诊转诊、授课指导等多种形式，提升当地医院医疗服务水平。

二、大兴机场着力推动区港城协同发展

交出新答卷，机场临空经济区建设成效显现。大兴机场临空经济区因机场而生，积极打造航空科技、枢纽金融、航空技术咨询等临空“高精尖”产业集群。截至 2022 年 12 月底，北京大兴国际机场临空经济区（北京部分）内共注册企业 4392 家[1]，累计完成 291 家注册资本 5000 万元及以上企业的注册工作，产业集聚效应初步显现。

擦亮新名片，建设国际交往中心功能承载区。抢抓“两区”建设机遇，重点打造

以“会展＋消费枢纽”为双引擎的产业空间载体，大力发展更高层次开放型经济，高标准建设国际交往中心功能承载区。2022 年大兴机场临空经济区共举办 10 场海外招商活动，累计洽谈国际企业超 200 家。

构建新引擎，建设国家航空科技创新引领区。着力引进未来飞行汽车、航空科技、飞机维修、航空培训、融资租赁等产业，完善航空科技创新产业链，打造集研发、展示、飞行场景应用于一体的航空科创产业聚集平台。积极开展“低空经济”相关研究，围绕民航强国战略目标及绿色航空、智慧航空发展方向，探索大兴机场临空经济区航空产业、航空创新的发展路径。

当好桥头堡，建设京津冀协同发展示范区。大兴机场运营后，凭借“五纵两横”的路网配置有效连接北京市区、雄安新区、河北“北三县”、廊坊、霸州等环京区域和天津武清、宝坻等区域，促进经济社会发展，加快推进“双循环”相互促进的新发展格局。作为全国首个、也是目前唯一一个跨省级行政区域规划建设的综合保税区，大兴机场综合保税区于 2022 年 4 月 25 日正式投入运营，同时享有两省市自贸区政策，实现了临空经济区、自贸试验区和综合保税区在空间和政策上的“三区叠加”，在服务和带动京冀及周边地区外向型经济发展中发挥重要的引擎作用。

三、滨海新区高质量发展服务协同

承接非首都功能疏解成效显著。2022 年，滨海新区承接北京非首都功能疏解重大项目 62 个，总投资 620.82 亿元，完成全年任务目标 103.5%；共引进北京在津新设机构 360 个，注册资金 928.63 亿元。作为承接北京非首都功能疏解的重要平台，滨海—中关村科技园自 2016 年底成立以来，积极推动京津冀高端人才和高端创新要素集聚，2022 年新增企业 849 家，其中新增北京企业 170 家，京企累计达 850 家。

创新示范引领作用彰显。滨海新区积极开展创新研发中心建设，加强与央企共建合作，设立研发中心、专业机构 118 个，科研院所 14 个，涵盖石油化工、航空航天、信创、高端装备制造等领域。截至 2022 年底，滨海新区拥有国家高新技术企业超 4000 家、国家科技型中小企业近 4500 家，天津市雏鹰、瞪羚和科技领军（培育）企业合计超过 2800 家。

四、冬奥孕育京张冰雪经济生机

冬奥效应拉动冰雪消费。2021—2022 雪季，北京市冰雪运动场馆共接待 296.5 万人次，实现收入 5.3 亿元，比 2020—2021 年雪季分别增长 66.8%和 69.9%。延庆区积极打造特色冰雪旅游品牌，自冬奥会申办成功以来，接待冰雪旅游和冰雪运动游客 1100 万余人次，实现旅游收入 8 亿余元。2022 年春节期间，河北张家口市崇礼区雪场接待游客 15.7 万人。

区域冰雪产业有序布局。中关村延庆园管委会依托举办冬奥会重大机遇，建成北京市唯一以冰雪体育为主题的科技园区。张家口市依托现有产业基础和冰雪资源优势，打造高新区冰雪运动装备产业园和宣化冰雪产业园，积极引进冰雪产业项目。

京张体育文化旅游带加快建设。北京与张家口两地以《京张体育文化旅游带建设规划》为引领，加快建设京张体育文化旅游带，推出包括“十佳精品体育赛事”“十佳体育旅游线路”等 52 个体育旅游精品项目，全力打造体育文化旅游融合发展新名片。

注：[1] 包括中国（北京）自由贸易试验区高端产业片区（大兴组团）内注册企业 2920 家、中国（河北）自由贸易试验区大兴机场片区（北京部分）内注册企业 1472 家。

（案例精粹—四摘自北京市统计局 国家统计局北京调查总队信息网 http：//tjj. beijing. gov. cn/）